I0066682

KURT JELINEK

MASTER OF TECHNICAL DISASTER

KURT JELINEK

MASTER OF TECHNICAL DISASTER

Für Manager, Consultants und Ingenieure
mit ungewöhnlichen Aufgaben
in der technischen Unternehmenskrise

JELINEK INTERIM MANAGEMENT & CONSULTING

Urheberrecht
Die vom Autor erstellten Inhalte in diesem Buch unterliegen dem Urheberrecht. Die Vervielfältigung, Bearbeitung, Verbreitung und jede Art der Verwertung außerhalb der Grenzen des Urheberrechtes bedürfen der schriftlichen Zustimmung des jeweiligen Autors bzw. Erstellers. Kopien einzelner Seiten im Buch sind nur für den privaten, nicht für den kommerziellen Gebrauch gestattet. Soweit die Inhalte im Buch nicht vom Autor erstellt wurden, werden die Urheberrechte Dritter beachtet. Insbesondere werden Inhalte Dritter als solche gekennzeichnet. Sollten Sie trotzdem auf eine Urheberrechtsverletzung aufmerksam werden, bitten wir um einen entsprechenden Hinweis. Bei Bekanntwerden von Rechtsverletzungen werden wir derartige Inhalte umgehend entfernen.

Der vorliegende Text unterliegt dem Copyright von Jelinek Interims-Management & Consulting. Alle Firmennamen, Produktnamen, Warenzeichen und Copyrights anderer Firmen werden von uns anerkannt, auch wenn sie ohne eine explizite Erwähnung der entsprechenden Eigentümer benutzt werden. Die zur Verfügung gestellten Materialien dienen nur der Information und sind kein Bestandteil irgendeines Vertrags.

Impressum
© Kurt Jelinek, 2016
1. Auflage
E-Mail: kjelinek@iys.at
Mobil: +49 173 478 14 11
Mobil: +43 650 683 32 29
Ochsenharing 36
5163 Mattsee
Austria
UID: ATU37614603
ISBN 978-3-9504332-0-3
Satz & Layout: Christoph Eiden
Printed by CreateSpace, An Amazon.com Company

Die Dinosaurier sind auch darum ausgestorben,
weil sie sich nicht verändern wollten.
Dies gilt auch für Unternehmen.
Es gibt finanzielle, technische und personelle Krisen.
Wie man damit umgeht und diese bewältigen kann,
erfahren Sie in diesem Buch.

Vorwort

Dieses Buch richtet sich an alle, die mit schwierigen Aufgaben in Unternehmen betraut sind. Darunter fallen Aufgaben wie Krisenmanagement, Restrukturierung, Innovations- und Patentmanagement, Prozessmanagement, Finanzmanagement. Wer glaubt, dass diese Themenbereiche ohne Abweichungen linear ablaufen, der irrt.

Es gibt kaum Aufgaben oder Projekte, die problemlos veraufen. Vielmehr ist es so, dass jede dieser Aufgaben mit „Krisen" behaftet ist, welche sich ein wenig mehr oder weniger auf den Unternehmenserfolg auswirken. Viele Mitarbeiter in Unternehmen sprechen von täglichem Stress, von „Burn-Out", von Überbelastung, schlechter Planung, Personalknappheit, Ausbeutung. Manager haben eine andere Sicht. Sie sprechen von Inkompetenz, mangelnder Motivation der Mitarbeiter, fehlender Zuverlässigkeit, fehlender Identifikation mit dem Unternehmen, Interessenlosigkeit, mangelnder Innovation. So gesehen haben Manager ihre und die Mitarbeiter wiederum ihre Sicht auf die Dinge. Gerade diese unterschiedlichen Sichtweisen machen das Miteinander, das für den Unternehmenserfolg so wichtig ist, oftmals beinahe unmöglich.

Wer oder was ist daher ein „Master of Technical Disaster"? Ist dieser Typus Mensch tatsächlich notwendig? Die Praxis zeigt, dass Krisenmanagement für die und in den Unternehmen in keinem universitären Studium gelehrt wird. Weder das Projektmanagement noch die Unternehmensführung beschäftigt sich mit dem Thema „Krise", das offensichtlich tabu ist. Deshalb braucht es berufserfahrene Krisenmanager, von mir als „Master of Technical Disaster" bezeichnet.

Nach meiner Einschätzung gibt es zwei Hauptkategorien von Krisen im Unternehmen. **Finanzielle Krisen** treten in der Jahresbilanz offen zu Tage. Dafür gibt es spezialisierte Krisenmanager und bewährte Verfahren zur Bewältigung. **Technische Krisen** hingegen sind Krisen, die sich eher im Hintergrund abspielen, ein Unternehmen jedoch auf längere Sicht in den Ruin führen können und viel schwerer beherrschbar sind. In diesem Buch werde ich aufzeigen, wie man technische Krisen managen kann und was es braucht, um wieder „Marktführer" zu werden. Auf der Webseite der Management-Fachberatung MENSCH & WIRTSCHAFT ist unter dem Punkt „Vertriebsstrategie" zu lesen: *„Produktion minus Verkauf = Schrott".* Das stimmt. Jedoch: Ohne Produkt gibt es auch keinen Verkauf.

Dieses Buch richtet sich an alle, die vor der Herausforderung einer technischen Krise in ihrem Unternehmen stehen. Es zeigt an Beispielen, wie Krisen entstehen, welche Lösungsansätze es gibt und wie diese Krisen zu verhindern beziehungsweise zu bewältigen sind.

Ich wünsche Ihnen eine angenehme und unterhaltsame Lektüre und natürlich viel Erfolg bei der technischen Neuaufstellung oder Ausrichtung Ihres Unternehmens!

Kurt Jelinek
Interim-Manager

Inhalt

Inhalt

Teil 1

Desaster

„Desaster" steht laut Duden für „Unglück", „Zusammenbruch", „katastrophaler Misserfolg". Daher sollten wir uns mit dem Thema „Katastrophe" im Sinne eines Unternehmens beschäftigen. Was ist oder kann ein Desaster sein und wie definiert man Desaster?[1]

Im Folgenden möchte ich Ihnen in loser Reihung beispielhaft einige Szenarien vorstellen.

Offensichtliche Desaster sind beispielsweise, wenn bislang immer zuverlässige Lieferanten plötzlich nicht mehr liefern können oder nur noch fehleranfällige Produkte angeliefert werden und ein Unternehmen keine qualitativ hochwertigen Produkte mehr produzieren kann. Ein weiteres Desaster ist, wenn das eigene Produkt nicht mehr nachgefragt wird und somit unverkäuflich ist – mit all seinen wirtschaftlichen Folgen. Es wird ein Produkt entwickelt, es wird produziert, aber niemand möchte es wirklich haben, trotz starker Marketing- und Werbeunterstützung für das Produkt.

Es ist auch schon vorgekommen, dass Unternehmen mit einem Produkt klassisch am Markt vorbeigeplant und produziert haben. Ursache dafür kann eine marketingtechnische Produktfehlplanung sein, häufig begründet durch eine fatale Fehleinschätzung der Markterwartungen.

Das passiert nicht nur kleinen Unternehmen. Auch in der Automobilindustrie gibt es derartige Fälle. Erinnern Sie sich an ein Fiat-Modell, den Fiat Multipla Baujahr 2002,[2] welches die Kunden als „Anti-Auto" abgetan haben? Wie das? Lobenswerterweise wollten die italienischen Designer ein etwas anders aussehendes Fahrzeug bauen. Grundsätzlich war das Fahrzeug zum damaligen Zeitpunkt einzig-

---

1 Für den Titel „Master of Technical Disaster" habe ich die englische Schreibweise gewählt. Ansonsten verwende ich die deutsche Schreibweise für Desaster.

2 https://de.wikipedia.org/wiki/Fiat_Multipla

artig im Design. Drei Sitze vorn und drei hinten, wo doch permanent in Familien der Streit entsteht, wer vorn auf dem einzigen Beifahrersitz Platz nehmen darf. Dennoch hatte das ungewohnte Aussehen potenzielle Kunden abgeschreckt. Ein Folgedesaster für Fiat ist zudem, dass man für dieses extrem schwer verkäufliche Fahrzeug auf Jahre gesehen auch noch Ersatzteile anbieten muss, weil es dummerweise doch einige wenige Kunden zu schätzen wussten.

Ein Desaster könnte für ein Unternehmen auch sein, dass alle wichtigen Kunden zu Mitbewerbern abwandern. Die fehlende Lieferfähigkeit von Produkten kann für ein Unternehmen ebenfalls schwerwiegende Folgen haben. Lediglich in der Autoindustrie ist man generöser. Lange Lieferzeiten wertet hier der Kunde als positives Zeichen dafür, dass sein Modell im Markt einfach stark nachgefragt ist und er sich somit für das richtige, weil trendige Fahrzeug entschieden hat.

Desaströs ist auch, wenn ein Produkt den Ruf bekommt, von schlechter Qualität zu sein – ob berechtigt oder nicht. Ich als Maserati-Liebhaber werde ständig mit der Frage konfrontiert, ob ich denn beim Autokauf gleich auch eine Werkstatt mit dazukaufen möchte. So manchem Produkt eilt aus der Historie ein schlechter Ruf voraus, den ein Unternehmen nur auf lange Sicht ausmerzen kann. Maserati brauchte dafür Jahrzehnte. Qualitätsprobleme führen häufig schneller ins Desaster, als einem Unternehmen lieb sein kann.

Zusätzlich zu den genannten Punkten finden wir die Betriebsblindheit und des Öfteren auch die Arroganz der Führungsetage, die ein Unternehmen in die Schieflage bringen können.

Ein Beispiel für ein derartiges Desaster stammt aus dem Jahre 2016. Ich spreche vom „VW Dieselgate"-Skandal. Dabei ging es um eine Software, welche bei Abgasmessungen am Fahrzeug die Messwerte geschönt hat. Die Folgen daraus waren Vertrauensverlust der Kunden in das Unternehmen, fallende Aktienkurse und hohe Regressforderungen in verschiedenen Ländern, speziell in den USA. Zusätzlich hat dieses Desaster zu einem starken Imageverlust der Marken VW und Audi beigetragen. Um den angerichteten Umweltschaden in Grenzen zu halten, muss nun VW und AUDI die Fahrzeuge „kostenneutral" nachrüsten, damit die angegebenen Abgaswerte erreicht werden. Wie man den hohen finanziellen Schaden der Käufer in Europa ausgleichen will, ist noch nicht klar. Fest steht, dass Fahrzeuge aus „Dieselgate" einen starken Wiederverkaufswertverlust aufweisen. Laut Presseberichten wusste das gehobene Management bis in die Konzernspitze Bescheid über die Manipulation der Abgasmesswerte und hat diese Manipulationen monatelang geflissentlich übersehen oder sogar geduldet. Man könnte dies auch als Ignoranz oder Überheblichkeit des VW-Konzernmanagements bezeichnen. Eines ist hier aber auch zu sehen: Ein Konzern der Größe der Volkswagen AG wird sicherlich die Krise überwinden, jedoch zu welchen Kosten?

Alle aufgezählten Szenarien sind für sich ein Desaster, und je nach finanzieller Ausstattung eines Unternehmens führen diese sogenannten „Kleinigkeiten" in den Verlust wertvoller Arbeitsplätze und vielleicht sogar in den Verlust des Unternehmens. Man sieht bereits hier: Desaster können sehr vielschichtig sein und hinter jeder Ecke lauern.

Es ist noch nicht so lange her, dass ein allgemeines wirtschaftliches Desaster, die Weltfinanzkrise 2007–2009 die Unternehmen erschüttert hatte. Gerade sehr viele Automobil-Zulieferbetriebe waren davon betroffen. Trotz bester Qualität und Top-Produkten! Der Automobil-Zulieferindustrie ist schlichtweg der Markt weggebrochen, und es dabei wurde aufgezeigt, dass für Unternehmen Diversität gefragt ist.

Man kann festhalten: Desaster ist nicht unbedingt mit schlechtem Finanzmanagement oder mangelndem Verkauf allein gleichzusetzen. Ein Desaster kann auch aus mangelnder Produktinnovation sowie Produktqualität entstehen, was nicht immer sofort offensichtlich ist.

Lassen Sie mich daher eines vorwegnehmen:
Vor einem Desaster ist niemand gefeit. Desaster-Prävention durch
kluge, weitsichtige Unternehmensplanung und -führung kann jedoch
das Auftreten von desaströsen Zuständen mindern, zum Teil verhindern und so den erfolgreichen Fortbestand eines Unternehmens
sichern.

Desaster-Indikatoren

Sie kennen sicherlich die Frage: „Wie geht es Ihnen?" Die häufigste
Antwort lautet oft: „Ich bin gestresst." Was bedeutet dieses Wort
„Stress"?[3] Es ist absolut negativ behaftet in unserer Zeit, dabei vergessen wir, dass es negativen, aber auch positiven Stress gibt. Spricht man
mit Mitmenschen, sind beinahe alle schlechten Erlebnisse mit nega-
tivem Stress behaftet, oder man spricht über Stress, ohne sich bewusst
zu sein, was das Wort überhaupt bedeutet. Ein Modewort also.

Zu welchem Zeitpunkt in Ihrem Leben sind Sie das letzte Mal
einem Gegenüber begegnet, der über positiven Stress mit Ihnen
gesprochen hat? Kennen Sie sich im Verkaufsleben aus? Wissen Sie,
wie es ist, beim Kunden zu stehen als Berater, Verkäufer, Key Account
Manager oder wie auch immer man Ihren Beruf bezeichnet in Ihrem
Unternehmen? Erinnern Sie sich noch daran, wie Sie freudestrahlend
mit Hochgefühl in die Firma gekommen sind, weil Sie einen tollen
Auftrag gelandet haben? Hatten Sie da etwas wie positiven Stress, weil
alles auf Hochtouren anlaufen konnte, um den Auftrag zu bedienen?
Heute spricht man umgangssprachlich von „Ich habe Stress", „Ich bin
gestresst" und meint damit: Man hat viel zu tun, wenig Zeit und überhaupt. Überhaupt was?

---

3   https://de.wikipedia.org/wiki/Stressor

Was das mit Desaster zu tun hat? Erst einmal nichts. Und doch kommt der Verkäufer des Öfteren in die sogenannte Stresssituation immer dann, wenn ein potenzieller Kunde abwinkt, vielleicht noch mit den Worten „zu teuer", „kein Interesse", „nicht modern genug", „die Mitbewerber sind Ihnen voraus". Kennen Sie so etwas aus Ihrer Praxis oder zählen Sie zu den privilegierten Mitarbeitern im Verkauf, die ein einzigartiges Produkt verkaufen, dass unabhängig von der Marktsituation immer nachgefragt wird? Je nach Verkaufsentlohnung, meist noch mit Fixum und Erfolgsbeteiligung, spüren Sie jede der Absagen im eigenen Portemonnaie. Auch die Firma, die gegebenenfalls den Ruf des Premium-Anbieters hat, spürt dies an den sinkenden Auftragseingängen.

Ist es wirklich mit einem Mal geschehen, dass der Verkauf nicht mehr funktioniert? Was ist geschehen und was bewirkt nun den negativen Stress für Sie als Verkäufer und das Unternehmen? Kunden wenden sich ab, die Umsatzzahlen gehen in den Keller und Provisionen als Verkäufer sind kaum zu erwarten. All diese Faktoren sind ein starkes Anzeichen für ein beginnendes Desaster.

Wenn Produkte nur mehr schwer verkäuflich sind, sei es wegen fehlender Innovation, veraltetem Design oder schlechter Preispolitik, dann erzeugen diese Faktoren Stress im Verkauf, beim Management und sicher auch bei der restlichen Belegschaft.

Jedoch sollte man sehen, dass sich die Anzeichen dafür, dass Produkte sich schlecht oder nur schleppend verkaufen und der Absatz stagniert, im Normalfall bereits früh abzeichnen und ein Gegensteuern daher schon frühzeitig möglich und notwendig gewesen wäre.

Warum wurde nicht gegengesteuert? Fehlte es im Unternehmen an den erforderlichen Absatz- und Umsatzstatistiken? Wurden die Marktentwicklungen falsch bewertet? Hat man übersehen, dass ein Mitbewerber mit modernen preisgünstigen Modellen dem eigenen Produkt das Wasser abgräbt?

Es könnte auch sein, dass man die Entwicklung spürte, aber den Managern und Chefentwicklern es an wirklichen innovativen Ideen und technisch machbaren Visionen fehl,e um gegenzusteuern. Oder haben vielleicht generell die deutschen Ingenieure ihre weltweit anerkannten, herausragenden technischen Fähigkeiten verloren?

Unternehmenskrisen im Mittelstand

Wussten Sie, dass der Begriff „Mittelstand", von dem im Zusammenhang mit KMU häufig gesprochen wird, ein im deutschen Sprachraum historisch gewachsener Begriff ist, für den jedoch keine abgestimmte oder gesetzlich vorgeschriebene Definition existiert? Stattdessen hat sich im Sprachgebrauch der internationalen Wissenschaft und Statistik der Begriff der „Small- and Midium-sized Enterprises" (SME) bzw. der „kleinen und mittleren Unternehmen" (KMU) etabliert.

Laut der Definition des Instituts für Mittelstandsforschung (IfM) zählen in Deutschland alle Unternehmen mit einem jährlichen Umsatzerlös von unter 50 Millionen Euro und mit weniger als 500 Beschäftigten zu den KMU[4] (vgl. Institut für Mittelstandforschung). Die Kommission der Europäischen Union folgt diesem quantitativen Ansatz zur Kategorisierung von Unternehmen beim Jahresumsatz, begrenzt die Zahl der Beschäftigten jedoch bereits auf unter 250 und ergänzt die Definition um die Bilanzsumme, die bei KMU nicht höher als 43 Mio. Euro ausfallen darf[5].

Unabhängig von der verwendeten Definition zeigt sich, dass KMU der vorherrschende Unternehmenstyp in der deutschen Unterneh-

---

4 www.ifm-bonn.org
5 www.ec.europa.eu/index_de.htm

menslandschaft sind und die tragende Säule für Wachstum und Beschäftigung bilden. Und auch wenn die herausragende Bedeutung des Mittelstandes für Wertschöpfung, Wachstum und Strukturwandel der deutschen Volkswirtschaft heute niemand bestreitet, finden diese Unternehmen kaum politische Beachtung, obwohl diese Firmen das Rückgrat der deutschen Volkswirtschaft darstellen.

Über eine hohe Innovationsfähigkeit zu verfügen, kurzfristig auf Wünsche oder späte Änderungen von Kundenanforderungen reagieren zu können und eine hohe Komplexität mit effizienten Prozessen zu beherrschen, all das sind heute wettbewerbsentscheidende Erfolgsfaktoren für KMU geworden.

Diese bestimmen darüber, ob Unternehmen sich am Markt behaupten können und inwieweit sie mit äußeren oder inneren Krisen zurechtkommen.

Teil 2

Kleine und mittelständische Unternehmen

Wie ist die Ausgangslage von kleinen und mittelständischen Unternehmen (KMU)? Robert Knop hat in einer wissenschaftlichen Arbeit KMUs und DAX-Konzerne untersucht. Das folgende Schaubild veranschaulicht die Stärken und Schwächen von KMU (Knop 2009:14).

Strukturbedingte Stärken	Strukturbedingte Schwächen
➤ Überschaubarkeit der Unternehmung und Märkte ➤ Direkte Kundenkontakte ➤ Produktionstechnische Anpassungsfähigkeit	➤ Geringe Marktmacht ➤ Begrenzte Ressourcen in allen Bereichen ➤ Fehlen von Kostendegression ➤ Fehlende Kapitaldecke
Verhaltensbedingte Stärken	**Verhaltensbedingte Schwächen**
➤ Entscheidungsflexibilität ➤ Unbürokratische Organisation ➤ Spezifische Problemlösungskompetenz ➤ Abhängigkeit des Erfolgs von der Qualifikation des Unternehmers und weniger Manager	➤ Abhängigkeit des Misserfolgs von der Qualifikation des Unternehmers und weniger Manager ➤ Unterentwickelte Planungs- und Abrechnungssysteme (auch überzogene) ➤ Zu geringe Informationsbasis ➤ Organisation und Führungsdefizite

Abb. 1: Stärken und Schwächen von KMUs

Es ist bezeichnend, dass auf der Seite der Schwächen die Abhängigkeit von einzelnen Führungskräften, den sogenannten „Key-Playern", steht. Außerdem sind in den KMUs Mitarbeiter mit speziellem Fachwissen häufig Einzelkämpfer. Diese Kopfmonopole in Unternehmen sind notwendig für den Unternehmenserfolg, sind jedoch auch ein Risiko, wenn diese kurzfristig, aus welchem Grund auch immer, ausfallen. Kritisch ist zudem oftmals die fehlende Kapitaldecke der KMUs, welche in Krisen eine Gesundung des Unternehmens durch Innovationen verhindern kann.

Was Robert Knop in seinem Buch beschreibt, passt auch für so manchen DAX-Konzern. Denn innerhalb von Konzernen bilden sich Abteilungen und Organisationen, deren Strukturen und deren Mitarbeiteranzahl mit KMUs gleichzusetzen sind. Meine Beobachtung dazu ist, dass diese Kleinzellen die gleichen Stärken und Schwächen aufweisen, jedoch sind diese eingebettet in einen (hoffentlich) finanzstarken Konzern.

Einige der beschriebenen Schwächen verhindern möglicherweise die marktwirtschaftliche Ausrichtung des Unternehmens. So bleiben notwendige Innovationen auf der Strecke und jede Fehlentscheidung kann einen totalen Misserfolg herbeiführen, welcher das Unternehmen wegen zu geringer Kapitaldecke an den Rand des Ruins führt. Sie sehen: „Geld regiert die Welt" und oftmals sehen die Geldgeber, wie beispielsweise Banken, nicht die Chancen, die sich auftun, wenn ein KMU in Innovation der Produkte und Service investiert.

Als Stärken dagegen fallen ganz besonders ins Gewicht: die produktionstechnische Anpassungsfähigkeit sowie die Flexibilität, Entscheidungen zu treffen. Weil KMUs durch ihre flexible Organisation dazu befähigt sind, auf Änderungen von Markterfordernissen und Kundenbedürfnissen besonders schnell zu reagieren, bilden diese Stärken die Grundlage für die Bewältigung von Unternehmenskrisen.

Unternehmenskrisen und ihre Ursachen

Eine „Unternehmenskrise ist die Phase eines Unternehmens, in der seine Funktionsfähigkeit und Stabilität beeinträchtigt ist und die Gefahr eines Unternehmenszusammenbruchs droht."[6]

6   https://de.wikipedia.org/wiki/Unternehmen

Je nach finanzieller Lage eines Unternehmens genügt manchmal schon eine Kleinigkeit, die die Krise auslöst und nicht nur zu massiven Umsatzeinbrüchen und zum Verlust wertvoller Arbeitsplätze führt, sondern schlimmstenfalls die Insolvenz des Unternehmens einleitet. Doch was treibt Unternehmen in die Krise? Sie wissen es bereits: Die Ursachen sind vielfältig und nicht immer genau zu bestimmen.

Es gibt Einflussfaktoren, die nicht vom einzelnen Unternehmen beeinflussbar sind. Ich nenne diese extern verursachten Krisen auch **wirtschaftsfeindliche Krisen,** weil sie wie keine andere Krisenform die Abhängigkeiten und Verzahnungen einer globalisierten Weltwirtschaft widerspiegeln.

Wirtschaftsbedingte Krisen wie diejenige zwischen 2007 und 2009, als die Bankenblase in den USA platzte und ganze Volkswirtschaften in Mitleidenschaft zog, haben auch in Europa Spuren hinterlassen. Je nach Branche waren die Auswirkungen zum Teil verheerend und viele Firmen in ihrer Existenz bedroht. Insbesondere Zulieferfirmen für die Autoindustrie waren schwer getroffen, trotz ihrer hervorragenden Produkte und herausragenden Qualität. Einige Zulieferfirmen mussten aufgrund des Brancheneinbruchs Insolvenz anmelden. Getroffen hat es unter anderen Unternehmen der Alu-Druckguss- sowie Kunststoff-Verarbeitung, also diejenigen, deren Produkte aufgrund geringer Fertigungstiefen einen geringen Ertrag erwirtschaften.

Aber auch politische Krisen, wie die neuen Grenzkonflikte innerhalb der EU oder die Spannungen mit Russland, trafen die exportierende Industrie 2015/2016 schwer. So vermeldeten Anlagenbauer aber auch die Autoindustrie und die deutschen Landwirte massive Umsatzeinbrüche.

In solchen Fällen trifft das einzelne Unternehmen keine Schuld – außer vielleicht an dem Umstand, zuvor keine entsprechenden Rücklagen gebildet zu haben. Doch die Rücklagenbildung ist schwierig, insbesondere für KMUs mit einer geringen Eigenkapitaldecke.

Auszug aus der *Frankfurter Allgemeinen* vom 23.06.2015 [7]

Russland-Embargo – Heimische Firmen spüren Boykottfolgen
Die Exporte nach Russland sind stark rückläufig – das bemerken auch
viele hessische Firmen. Autobauer Opel schließt sein Werk in St. Peters-
burg. Aber Pharmahersteller Merck will dem Trend trotzen.

Für eine zusätzliche wirtschaftliche Talfahrt für KMUs sorgt in der
Krise auch noch der Staat mit der fortlaufenden Abgabenlast für
Unternehmen. Denn ungeachtet der Krisensituation müssen Gehälter
sowie Lohnsteuer und Unternehmenssteuern bezahlt werden, welche
bei KMUs bei Umsatzeinbußen die mühsam gebildeten Rücklagen
verschlingen. Hunderte, wenn nicht Tausende Arbeitsplätze werden
unter Umständen vernichtet, die Kaufkraft schwindet, sozialer
Unfrieden steigt. So tragen der Staat und dessen Gesetze wegen fehlender Krisenkonzepte zum Teil zur Verschärfung der Krisensituation
der Unternehmen bei und verlieren auch noch die Steuerzahler von
morgen.

Eine Lösung für das Unternehmen wäre kurzfristig, die Arbeitnehmer freizusetzen, was wiederum wegen der Gesetzeslage nicht einfach
ist und außerdem ein Folgeproblem auslöst: Denn entlässt man die
Arbeitnehmer, fehlen nach der Krise oftmals die Fachleute, um den
Betrieb wieder flottzumachen.

Und doch zeigt das Beispiel der Automobil-Zulieferfirmen, dass eine
größere Diversität des Unternehmensportfolios die Folgen des Ein-
bruchs ganzer Märkte zumindest teilweise hätte kompensieren können.
Aber es ist natürlich einfacher und noch dazu bequemer, Monat für

---

7 http://www.faz.net/aktuell/rhein-main/russland-embargo-heimische-firmen-spueren-
   boykottfolgen-13662910; FAZ vom 23.06.2016, Autor: Thorsten Winter

Monat an Auftraggeber A oder B Tausende Stücke gleicher Bauteile zu liefern. Möglicherweise aber wäre die Finanzkrise für etliche Zulieferunternehmen glimpflicher verlaufen, wenn deren Geschäftsmodell nicht allein auf eine Branche ausgerichtet gewesen wäre.

Mangelnde Führung und schlechte Planung – das sind dagegen die Ursachen hausgemachter, unternehmensinterner Krisen. Sei es, dass Führungsverhalten vernachlässigt und wichtige Entscheidungen auf die lange Bank geschoben werden, sei es, dass neue Entwicklungen verschlafen und veränderte Rahmenbedingungen nicht rechtzeitig berücksichtigt werden. Weil allein das Management für die Erarbeitung von Entwicklungsstrategien und Richtungskorrekturen zuständig ist, liegt die Verantwortung für die Entstehung unternehmensinterner Krisen allein in deren Händen.

So wie Chaos eine Folge fehlender Ordnung ist, so sind hausgemachte Krisen eine Folge mangelnder Führung. Über Führung und Führungsstile gibt es sehr viele wissenschaftliche Abhandlungen – angefangen bei Max Weber, einem der Urväter der Soziologie, über Kurt Lewin, Pionier der modernen Sozialpsychologie, bis zu Horst-Joachim Rahn, Betriebswirt und Spezialist des gruppenorientierten Führungsstils.

Ich möchte Ihnen an dieser Stelle nur exemplarisch die drei von Kurt Lewin definierten Führungsstile benennen:

➤ Autoritäre (hierarchische) Führung
➤ Demokratische (kooperative) Führung
➤ Laissez-faire-Führung (aus dem Frz.: „gewähren lassen")

Die heutige Betriebswirtschaftslehre tendiert eher zum demokratischen Führungsstil, betont aber, dass letztlich die jeweilige Situation über den Einsatz eines Führungsstils entscheiden müsse. So eignet sich der autoritäre Führungsstil vor allem in Krisensituationen, die schnelle Entscheidungen erfordern, während der kooperative Führungsstil gerade im Arbeitsalltag punktet.

Wie sieht der perfekte Führungsstil also aus? Nun, die Ansichten hierzu sind ebenso vielfältig wie die einzelnen Führungskräfte selbst. Ich bin der Überzeugung: Es gibt nicht den einzig wahren und besten Führungsstil. Welche Variante die erfolgversprechendere ist, muss jeder für sich selbst und situativ entscheiden.

Nur in einem werden Sie mir wohl zustimmen: Dass Mitarbeiter sich selbst organisieren, ist ein Irrglaube. Das bestätigten bereits Untersuchungen aus den Jahren 1937 und 1938, als Lewin im Rahmen der Iowa-Studien die Auswirkungen unterschiedlichen Führungsverhaltens auf das Verhalten von Kindern untersuchte. Als eine Gruppe aus dem Ruder zu laufen drohte, ließ man sie ohne Leitung weiterarbeiten. Sie zeigte jedoch sowohl in Bezug auf das Aufgabeninteresse, die Gruppenzugehörigkeit und die Zufriedenheit die schlechtesten Resultate. Auch kam es zu aggressiven Verhaltensweisen.

Heute besteht die Aufgabe einer modernen Führungskraft darin, für den Aufbau einer positiven Unternehmenskultur, für geordnete, stabile Strukturen und gelebte Werte zu sorgen, an denen sich alle orientieren können. Dazu gehört auch, Arbeitsaufgaben so zu gestalten, dass sie von allen am Prozess Beteiligten bewältigt werden können. Doch wie etablieren Sie solche Prozesse? Durch Verordnungen? Nur bedingt. Durch Führung? Ja! Denn eines bleibt wesentlich: Wer sich aus der Führungsverantwortung stiehlt, riskiert die wirtschaftliche Talfahrt des ihm anvertrauten Unternehmens und führt es auf direktem Weg in die Krise.

Neben mangelnder Führung wird die hausgemachte Krise in den allermeisten Fällen durch eine fehlerhafte Unternehmensplanung verursacht, in der Regel durch Versäumnisse und Fehleinschätzungen des Managements. Diese schlagen sich in sämtlichen Unternehmensbereichen nieder und können noch Jahre später negative Auswirkungen entfalten. Dazu zählt das Finanzmanagement, die Personalpolitik, die Produktionsplanung, die Innovationstätigkeit, die Unternehmenskommunikation etc.

Wie das genau aussieht, beleuchte ich im folgenden Abschnitt etwas genauer.

Produktfehlplanungen aufgrund der Fehleinschätzung des Marktes, noch schlimmer, aufgrund geänderter gesetzlicher Rahmenbedingungen, sind die wohl häufigsten Ursachen unternehmensinterner Krisen. Klassisch am Markt vorbeizuplanen und zu produzieren, passiert nicht nur kleinen Unternehmen oder in der Automobilindustrie (wie mit dem Fiat Multipla von 2002), das passiert auch großen Unternehmen, wie z. B. Apple und McDonald's.

Im Artikel *Gefloppte Produkte: Apples größte Fehler* kann man bei *Spiegel Online* nachlesen:[8]

Zu teuer, zu früh, zu unausgereift: Nicht immer war der Computer- und iPod-Hersteller Apple vom Erfolg verwöhnt. Fehlentscheidungen und häufige Personalwechsel an der Spitze machten dem Konzern jahrelang zu schaffen.

Steve Jobs, der Mann mit dem unheimlichen Riecher, hatte auch einige Flops zu verzeichnen. Im gleichen Artikel ist nachzulesen:

So hat Steve Jobs auch einen der größten Apple-Flops zu verantworten. Beispiel: Lisa. Eigentlich hätte dieser Computer ein Meilenstein für die Firma werden sollen, die Ende der siebziger Jahre auf der Suche nach einem Nachfolger für den Ur-Apple war. Parallel arbeiteten zwei Teams am Macintosh und Lisa, wobei Jobs' Lieblingsprojekt der Lisa war. Einen kommerziellen Erfolg des Lisa verhinderte Apple allerdings überaus

---

8 http://www.spiegel.de/netzwelt/spielzeug/gefloppte-produkte-apples-groesste-fehler-a-488153.html

erfolgreich, indem der Preis für den Rechner auf knapp 10.000 Dollar, damals rund 30.000 D-Mark, festgelegt wurde – das war selbst in der Frühzeit der Personal Computer zu viel.

Auch McDonald's kann hier als anschauliches Beispiel dienen. Der Wirtschaftsteil der *shz* vom 26. Juli 2016 titelt:[9]

Fast-Food-Gigant in der Krise:
McDonald's laufen die Kunden davon
Oak Brook | McDonald's kämpft weiter mit Kundenschwund und sinkenden Erlösen. Der vierteljährliche Finanzbericht gibt kaum Anlass zur Hoffnung. Der Gewinn des Fast-Food-Riesen fiel im ersten Quartal um etwa ein Drittel zum Vorjahreszeitraum auf 811,5 Millionen Dollar (752 Mio Euro). Die Verkäufe auf etablierter Ladenfläche – gemeint sind Filialen, die schon seit mehr als einem Jahr am Markt sind – gingen weltweit um 2,3 Prozent zurück. Insgesamt sank der Umsatz um elf Prozent auf 5,96 Milliarden Dollar.

Auslöser der Krise war, dass McDonald's zu spät auf die veränderten Konsumgewohnheiten seiner Kunden reagierte, denn Industrie-Fastfood ist in den vergangenen Jahren mehr und mehr in Verruf geraten. Eine frühzeitige Richtungskorrektur hätte die rückläufige Umsatzentwicklung des Konzerns zumindest gebremst, wenn nicht gar aufgehalten.

Auch eine verfehlte Personalpolitik kann Unternehmenskrisen auslösen, so in etwa, wenn an der Entwicklung innovativer Lösungen beteiligte Mitarbeiter – aus welchen Gründen auch immer – abgezogen oder entlassen werden. Durch den Einsatz von externem Fach-

9 http://www.shz.de/deutschland-welt/wirtschaft/mcdonalds-laufen-die-kunden-davon-id9528346.html

personal können die dadurch verursachten Verzögerungen in der Produktentwicklung selten kompensiert werden, denn jeder noch so begabte, hervorragende Spezialist benötigt zumindest einige Wochen, wenn nicht Monate Einarbeitungszeit.

Großes Potenzial für folgenreiche Fehlentscheidungen birgt der Materialeinkauf. Muss man beispielsweise aufgrund fehlerhafter Einkaufsentscheidungen für Produkte in eine erhöhte Garantieleistung treten, bindet das nicht nur Mitarbeiter und Zeit, sondern auch jede Menge Geld.

Des Öfteren investiert das Management auch viel zu wenig Geld in Forschung, Entwicklung und Patentmanagement – obwohl das Kapital dazu vorhanden wäre. Stattdessen werden beispielsweise extrem teure Bearbeitungsmaschinen gekauft, welche, wenn die entsprechenden Aufträge fehlen, womöglich nur mit 30 Prozent der möglichen Tagesauslastung eingesetzt werden. Das liegt vielfach auch daran, dass Manager nicht – wie eigentlich erwartet – dem Markt um die berühmte Nasenlänge voraus sind. Oftmals sind sie einfach nur Nachahmer, die versuchen, den Markt oder ein Marktsegment durch Qualitäts- oder Funktionsverbesserungen oder durch einen noch besseren Preis zu erobern – nicht aber durch Innovation. Wobei ich nicht verschweigen möchte, dass es durchaus Nachahmer gibt, die es geschafft haben, durch verbesserte Leistungen Marktsegmente zu erobern.

Nicht selten münden fehlende Produktentwicklung und Innovationen in Insolvenzen. Diese technischen Fehlentwicklungen werden zumeist gar nicht oder erst viel zu spät bemerkt und selbst dann noch oft genug unterschätzt, sodass es zu diesem Zeitpunkt in der Regel viel zu spät ist, um das Ruder noch herumzureißen. Diese Krise kann auch durch finanzielle Unterstützung nur schwer behoben werden, denn welcher Finanz-Investor reitet schon gern ein technisch „totes Pferd"?

Dass fehlende Produktinnovation nicht nur kleine und mittlere Betriebe, sondern auch große Konzerne treffen kann, zeigt der Untergang der Mobiltelefon-Sparte des einst weltgrößten Handyherstellers Nokia. Seit der Erfindung des Smartphones hatte Nokia dem technologischen Innovationsvorsprung von Apple nichts mehr entgegenzusetzen und musste sich der Marktmacht seines Konkurrenten beugen. Normale Mobiltelefone kann heute jeder zu Spottpreisen erwerben. Smartphones dagegen sind relativ teuer, aber unglaublich angesagt: Sie bieten eine Menge Zusatzfunktionen – Internet, Kalender, Mail, Taschenlampe, Kamera mit digitalem Zoom, unzählige Apps und frei konfigurierbare Einstellungen – und telefonieren kann man mit ihnen auch noch. Damit sind sie ein Paradebeispiel von Innovation und Kundennutzen. Und sie zeigen, dass es nicht der Preis allein ist, der die Kaufentscheidung beeinflusst.

Nicht unerwähnt lassen möchte ich an dieser Stelle zwei weitere Szenarien, die nicht zwangsläufig dem Management angeheftet werden können. Trotzdem haben sie das Potenzial, Unternehmen in schwere Krisen zu führen. Das erste Szenario betrifft die Produkthaftung. Es genügt sich vorzustellen, ein Kunde käme durch den Einsatz eines Produktes zu Schaden. Je nach nationaler Gesetzgebung können die daraufhin verhängten Strafzahlungen zum finanziellen Ruin eines Unternehmens führen. Der entstandene Imageschaden ist dabei noch gar nicht eingepreist.

Damit wären wir auch schon beim zweiten Szenario: Bekommt ein Produkt den Ruf, von schlechter Qualität zu sein, kann das fatale Auswirkungen auf die wirtschaftliche Lage eines Unternehmens haben. Blicken wir auf die Fußball-EM 2016. Beim Spiel der Schweiz gegen Frankreich rissen im Spiel sieben (!) Trikots der Schweizer Nationalmannschaft. Darauf titelte Die Welt am 20.06.2016:[10]

---

10 http://www.shz.de/deutschland-welt/wirtschaft/mcdonalds-laufen-die-kunden-davon-id9528346.html

Schweiz-Trikots rissen schon bei EM-Testspiel
Die EM ist für Sportartikelhersteller das wichtigste Ereignis des Jahres. Nachdem sieben Schweizer Trikots im Frankreich-Spiel rissen, hat Puma ein Problem. Und: Es war nicht der erste solche Fall.
Weil neben dem Dress des künftigen FC-Arsenal-Profis noch sechs weitere Schweizer Hemden gegen Frankreich (0 : 0) den Trikottod starben, diskutierten die Eidgenossen nach dem Schlusspfiff mehr über Textil- als über sportliche Fragen und den Einzug ins Achtelfinale.
Während es die Spieler mit Humor nahmen, brach beim Hersteller hektische Betriebsamkeit aus. „Unsere Untersuchung der Trikots vom Spiel am Sonntag hat ergeben, dass es eine fehlerhafte Materialcharge gegeben hat, in der Garne während der Produktion beschädigt wurden, was zu einer Schwächung des fertigen Trikotstoff geführt hat", teilte das Unternehmen mit, um direkt anschließend Entwarnung zu geben.

Dieser Vorfall hat die Unternehmensleitung schwer beunruhigt, denn im Ruf zu stehen, dass man schlechte Qualität liefere, kann den Unternehmenserfolg massiv beeinträchtigen. Im Fall Puma hatte die Trikotaffäre keine Nachwirkungen. Am 28.07.2016 notierte die Puma-Aktie mit ca. 1% im Plus.

Erste Anzeichen erkennen

Doch woran erkennen Sie, dass sich Ihr Unternehmen in einer Krise befindet, was sind erste Anzeichen, die Sie unbedingt ernst nehmen müssen? Es klingt beinahe banal, doch einer der wichtigsten Krisen-Indikatoren ist Stress.

Nun ist Stress als solcher nichts Schlechtes, auch wenn, wie bereits eingangs erwähnt, kaum noch jemand über positiven Stress spricht. Doch als Verkäufer wissen Sie, wie es sich anfühlt, unerwartet mit einem Auftrag über 2,5 Millionen Euro in der Tasche in die Firma zurückzukommen. Dann kennen Sie Stress auch von seiner anderen Seite. Wenn ich an meine Zeit als Entwicklungsleiter zurückdenke, gab es für jeden tollen Abschluss oder Auftrag ein kleines motivierendes Fest. Sekt, belegte Brote. Ob man das heute noch darf, sei dahingestellt. Wir haben gefeiert.

Was hat Stress nun aber mit Krise zu tun? Um das zu verstehen, versetzen wir uns ganz einfach in die Lage eines Verkäufers, der genau das Gegenteil erlebt: Er besucht Kunde um Kunde und wird doch immer wieder abgewiesen: „zu teuer", „kein Interesse", „nicht modern genug". Wie bereits ausgeführt: Bestandskunden wenden sich ab und von neuen Kunden kann Ihr Verkäufer nur noch träumen. Genau wie von seinen Provisionen. Er ist extrem gestresst.

Was ist passiert? Die Antwort ist so einfach wie tragisch: Das Produkt ist für den Kunden einfach nicht mehr interessant genug. Sie wenden sich anderen Anbietern zu, die technisch ausgereiftere oder optisch ansprechendere Produkte im Portfolio haben. Der Verkauf stagniert, Nachfrage und Umsatz sinken, die Marktanteile verringern sich. Der Stress steigt.

Spätestens zu diesem Zeitpunkt läuft der Unternehmensführung die Zeit davon. Der Produkt- und Absatzkrise folgt schließlich, sofern keine ausreichenden Maßnahmen zu ihrer Behebung getroffen werden, eine Phase, in der sich die Unternehmenszahlen rapide verschlechtern und das Eigenkapital so weit aufgezehrt wird, dass schließlich die akute Insolvenz droht.

Stress ist daher ein ausgezeichneter Indikator dafür, ob es einem Unternehmen gut geht – dann sprechen wir von positivem Stress – oder ob es in einer Krise steckt – dann laufen dem Unternehmen über kurz oder lang auch noch die wichtigsten Mitarbeiter weg, weil sie den permanenten Stress nicht mehr aushalten können oder wollen.

Bemerkenswert ist, dass die technische Schieflage, die zur Produkt- und Absatzkrise führt, von den wenigsten Unternehmen gleich erkannt wird. Viele nehmen zwar die Veränderung wahr, auch den Stress, der durch den Rückgang der Umsätze entsteht. Und doch werden häufig die Hinweise der eigenen Mitarbeiter nicht ernst genommen, werden die Ursachen für den Umsatzrückgang verkannt. Gern machen Manager in solchen Situationen die Mitarbeiter oder eine verfehlte Verkaufspolitik verantwortlich. In den meisten bekannten Fällen verstärken die Verantwortlichen die Vertriebsmannschaft, kurbeln den Werbeapparat an, senken die Verkaufspreise und versuchen so, die Verluste zu kompensieren. Sicherlich gelingt es mit diesen Methoden, kurzfristig die Umsatzzahlen zu steigern. Aber löst es das Problem der sinkenden Umsätze wirklich?

Wohl eher nicht. Denn rechnet man den erheblichen finanziellen Mehraufwand für den erhöhten Personaleinsatz, für das Marketing und vielleicht sogar die Preisreduktionen gegen die Korrektur der Verkaufszahlen auf, sieht der Controller spätestens beim Jahresabschluss, dass der erzielte Umsatz und Ertrag vor Steuern nicht zusammenpassen.

Fazit: Mehr Umsatz ist nicht gleichzusetzen mit mehr Gewinn.

Ursachen identifizieren und analysieren

Wie Sie die Ursachen für eine solche Abwärtsspirale frühzeitig erkennen können, werden Sie auf den kommenden Seiten erfahren.

Bei hausgemachten Krisen – mit denen sich dieses Buch beschäftigt – ist die Analyse des gesamten Unternehmens und dessen Produktportfolios Grundlage allen weiteren Vorgehens. Hier hilft kein Restrukturierungsrezept und erst recht keine schicke PowerPoint-

Präsentation – hier geht es ans Eingemachte, an die Seele des Unternehmens und damit auch um die Fehler des Managements. Ein Weg zur internen Unternehmensanalyse ist die sogenannte SWOT-Analyse[11] (engl. für Strengths, Weaknesses, Opportunities and Threats), auf Deutsch Stärken, Schwächen, Chancen und Gefahren. Diese ausgezeichnete und vielfach erprobte Methode ermöglicht es Ihnen, die Stärken und Schwächen Ihres Unternehmens zu identifizieren sowie Chancen und Risiken für Ihre Unternehmensentwicklung zu prognostizieren. Richtig angewendet hilft die SWOT-Analyse bei der Positionsbestimmung Ihres Unternehmens oder seiner Produkte und kann entscheidende Impulse für die Strategie von Unternehmen setzen.

Sie können diesen „Blick hinter die Kulissen" in Form der SWOT-Analyse natürlich selbst durchführen. Wenn Sie mich fragen, empfehle ich Ihnen an dieser Stelle allerdings dringend, eine externe Unternehmensberatung hinzuzuziehen, da insbesondere bei der Auswertung und Interpretation der erhobenen Daten ein unabhängiger Blick sehr hilfreich sein kann. Ein erfahrener externer Berater mit viel Erfahrung in den unterschiedlichen Branchen, welche sinnvollerweise nahe an der eigenen Branche liegen, zudem ausgestattet mit umfassendem kaufmännischem und technischem Fachwissen (Know-how), ist in der Lage und oft auch als Einziger mutig genug, die Probleme zu adressieren und auch die Versäumnisse an die Führungsebene zu kommunizieren.

Die SWOT-Analyse ist nicht nur ein wichtiges Instrument für das strategische Management, sondern bietet zugleich die Grundlage vieler Marketingstrategien. Doch auch den technischen Stand eines Unternehmens kann man mit der SWOT-Analyse untersuchen.

---

11 http://wirtschaftslexikon.gabler.de/Definition/swot-analyse.html

So lassen sich mit der SWOT-Analyse sämtliche für den Unternehmenserfolg – und damit auch für die Unternehmenskrise – relevanten Faktoren beleuchten: Markt, Einzigartigkeit, Zielgruppe, Produktdesign, Produktmerkmale, Preis, Life Cycle etc.

Anwendung der SWOT-Analyse als Basis für Strategien*

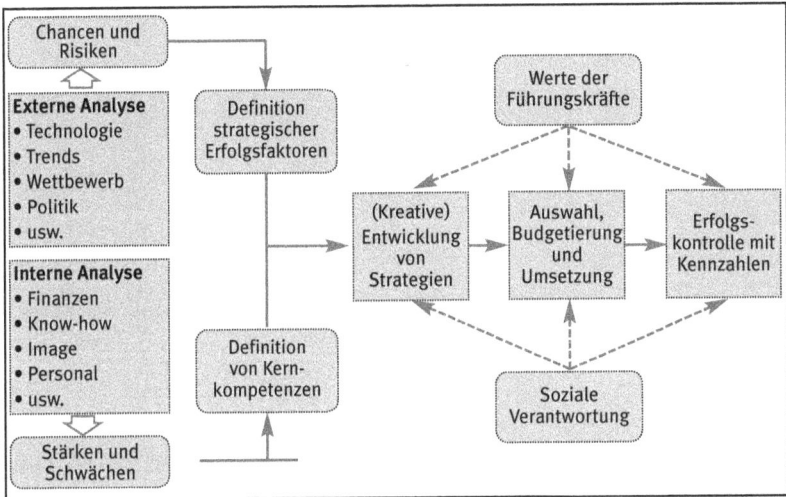

*Strategieprozess nach Mintzberg, Kotler, Kaplan/Norton und Hamel (Synthese)

Abb. 2: „SWOT-Analyse und Strategie" von Prof. Dr. Waldemar Pelz

In einem weiteren Schritt geht es nun darum, die Finanz- und Unternehmenskennzahlen, insbesondere diejenigen zur Beschreibung der Umsatzentwicklung, rückblickend auf die letzten fünf Jahre zu analysieren. Dabei ist es wichtig, diese statistischen Zahlen in Beziehung zu setzen zu den Produkten, die Ihr Unternehmen produziert und verkauft sowie in Relation zum vorhandenen Markt. Produkte mit rückläufigen Verkaufszahlen bei stabilen Marktbedürfnissen müssen auf deren Wertigkeit für das Unternehmen untersucht sowie die Ursache der Verkaufsrückgänge analysiert werden.

Ebenso zügig gilt es daher, die Analyse des Produktportfolios sowie des Geschäftsmodells voranzutreiben. Dafür gibt es verschiedenste wissenschaftlich anerkannte Methoden, wie derartige Untersuchungen, Analysen, kausale Zusammenhänge und qualitative Vergleiche auszuführen sind. Und es gibt etwas, das durch keine Methode und keine IT-Technologie zu ersetzen ist: den logischen Menschenverstand. Dabei sollte der von Ingenieuren gern zitierte Spruch „Messen kommt von Mist. Und wer misst, misst Mist" schlichtweg als Aufforderung verstanden werden, alles und jeden zu hinterfragen, ob denn die Ergebnisse tatsächlich plausibel sind

Die Analyse der eigenen Produkte schließlich verfolgt das Ziel, die Markttauglichkeit jedes einzelnen Produktes zu überprüfen und Verbesserungspotenziale zugunsten der Marktgängigkeit aufzuzeigen. Aufschluss über die Qualität Ihrer Produkte und den Stand der Technik erhalten Sie dabei über eine einfache Kennzahl: die Fehlerhäufigkeit. Ist sie hoch, können Sie davon ausgehen, dass sie zumindest mitverantwortlich für den Umsatzrückgang zeichnet.

Doch es genügt nicht, sich Zahlen auf dem Papier anzusehen. Um Probleme ebenso wie Potenziale zu erkennen, müssen Sie tief in die Produkte eintauchen und ihre technischen Gegebenheiten analysieren.

Es ist mir wichtig, Ihr Augenmerk auf zwei wesentliche Aspekte der Produktanalyse zu lenken, die oft vernachlässigt werden: das **Produktdesign** und der **Funktionsumfang**. Denn nicht nur der Preis, die Produktqualität, die technische Ausstattung und die Funktionalität beeinflussen die Kaufentscheidung, sondern auch das Design und die Zusatzfunktionen.

Zunächst zum Produktdesign. Lange vorbei sind die Zeiten, in denen es allein auf die Funktionalität eines Produktes ankam. Auch in der Industrie spielt heute neben der zu erwartenden Funktionalität das äußere Design eine immer wichtigere Rolle bei der Kaufentscheidung. Wollen Sie am Markt bestehen, müssen sich Ihre Produkte sowohl im Design als auch in der Funktionalität zumindest auf Augenhöhe der Konkurrenzprodukte einordnen. Wollen Sie erfolgreich sein, dann entsprechend höher. Daher fragen Sie sich unbedingt und kritisch: Sind meine Produkte optisch ansprechend, wird ihr Design dem heutigen Zeitgeist gerecht? Ihre Antwort wird weitreichende Konsequenzen haben. Denn Design steht für mehr als nur für Attraktivität. Um als Marke Erfolg zu haben, muss Design ein integrativer Bestandteil Ihrer Unternehmensstrategie sein. Ein attraktives, einheitliches Corporate Design nicht nur Ihres Internetauftritts, sondern vor allem auch Ihrer Produkte dient Ihrem Unternehmen dazu, das eigene Angebot von der Konkurrenz abzuheben und eine unverkennbare Marke zu etablieren, die maßgeblich zu Ihrem Unternehmenserfolg beiträgt.

Zusatzfunktionen bieten Ihrem Kunden einen erkennbaren Mehrwert. Fragen Sie sich daher nicht, ob Investitionen in zusätzliche Funktionen Ihres Produktes sinnvoll sind oder nicht. Wenn sich Ihr Produkt bei ansonsten gleichen Eigenschaften durch diese eine Zusatzfunktion von dem Ihres Mitbewerbers erheblich unterscheidet und Sie dem Kunden den Nutzen aufzeigen können, dann wissen Sie, dass Sie alles richtig gemacht haben. Denn der Kunde wird sich für Sie entscheiden.

Die Analyse Ihres Unternehmens, seiner Kennzahlen und Produkte wird Ihnen bereits dabei geholfen haben, Ursachen für die Krise Ihres Unternehmens zu identifizieren. Sie zu bewerten, erfordert aber den Blick über den Tellerrand hinaus: Eine umfassende Marktanalyse – die Sie von Ihrer Marketingabteilung oder ihrem Interims-Manager erstellen lassen – liefert Ihnen alle wichtigen Zahlen zu Ihrem Absatzmarkt: zu seinem Volumen, seinem Potenzial, seiner Strukturierung in Teilmärkte aber auch zu Zielgruppen, Wettbewerbern und Konkurrenten. Die Wettbewerber zu bestimmen, ihre jeweiligen Stärken und Schwächen zu definieren sowie detaillierte Produkt- und Preisvergleiche vorzunehmen sind dabei wesentlich für die Identifikation von Marktbarrieren, Gefahren und technischen Problemen.

Der Produktvergleich zählt im Hinblick auf das technische Krisenmanagement zu den wichtigsten Bestandteilen der Wettbewerbsanalyse. Damit ist nichts anderes als eine Gegenüberstellung der eigenen Produkte mit denen der Mitbewerber gemeint. Aus der Analyse Ihrer eigenen Produkte wissen Sie bereits um die Stärken und Schwächen Ihres Portfolios, doch wie ist es um die Produkte Ihrer Konkurrenten bestellt?

Je nach Produktgruppe ist dieser Vergleich nicht immer einfach zu bewerkstelligen. Doch ohne die Kenntnis darüber, was Ihre Mitbewerber außer einem möglicherweise günstigeren Verkaufspreis besser machen, wird es Ihnen schwer fallen, die Verkaufschancen für Ihre eigenen Produkte zu erhöhen.

Der Produktvergleich beginnt in der Regel damit, dass man Produkte der Mitbewerber kauft und technisch analysiert. Das Produkt oder Gerät ins Kleinste zu zerlegen, hilft zu verstehen, was am Mitbewerberprodukt möglicherweise besser ist und wo die Einsparungspotenziale des Mitbewerbers liegen, damit er einen unschlagbaren Preis im Markt anbieten kann.

Welche Funktionen bieten die Konkurrenzprodukte, welche Merkmale stechen besonders hervor, wie modern ist das Design? Gibt es Funktionen, die man vielleicht nicht braucht, die das Produkt dennoch auf den ersten Blick attraktiver erscheinen lassen? Welche Patente hat der Mitbewerber angemeldet? Wie könnten sich diese umgehen lassen, ohne in die Patentfalle zu tappen?

Dass die Produktanalyse insbesondere bei komplexen und technisch anspruchsvollen Produkten ohne Alleinstellungsmerkmal einen hohen Zeit- und Arbeitsaufwand mit sich bringt, sollte Sie nicht davon abhalten. Im Gegenteil: Sie könnten parallel dazu bereits eine Machbarkeitsstudie für neue Produkte anstoßen oder – auch wenn dieser Spagat nicht einfach zu bewerkstelligen ist – sogar schon erste Entwicklungsschritte einleiten. Riskieren Sie notfalls sich später als falsch erweisende Entwicklungsvorhaben und ärgern Sie sich nicht über das „verschwendete" Geld. Entwicklung, die erst die kompletten Analyseergebnisse abwartet und deshalb zu spät einsetzt, kostet Sie fast immer mehr.

Eine wichtige Weisheit möchte ich Ihnen an dieser Stelle nicht vorenthalten: Generieren Sie mit „Quick Wins", z. B. durch Designänderungen oder Zusatzfunktionen, kurzfristige Erfolge, und legen Sie damit die Basis für erfolgreiche Produkterneuerungen.

Das gilt umso mehr, wenn Produkte nicht mehr dem aktuellen technischen Stand entsprechen: Hier zählt jeder Monat, den man früher mit der Überarbeitung bzw. Entwicklung von Neugeräten beginnt, denn das verlorene Terrain lässt sich nur schwer wieder zurückholen. Die Entwicklung eines Produktes bis zur Serienreife lässt sich kaum beschleunigen, auch nicht durch eine externe Entwicklungsvergabe.

Wenn Sie diesen gesamten Prozess der Unternehmens-, Markt-, Wettbewerbs- und Konkurrenzanalyse durchlaufen haben, sollte es Ihnen gelungen sein, die Ursachen der Krise Ihres Unternehmens zu identifizieren.

Wenn Gründe wie zu hohe Ertragserwartungen oder zu hohe Herstellkosten, unzeitgemäßes Design und/oder eine veraltete, fehleranfällige Technik auszuschließen sind, kann es helfen, die Vertriebsstruktur zu reorganisieren. In der Mehrheit der Fälle jedoch ergibt sich ein anderes Bild, das die Notwendigkeit umfangreicher Produktinnovationen oder einer optimierten Preispolitik offenlegt. Dass beides Hand in Hand gehen kann, zeige ich Ihnen in den kommenden Kapiteln.

Die Kehrtwende: Chance oder Risiko?

Befindet sich ein Unternehmen in einer, wie ich es nenne, hausge-machten Krise, lässt sich zumindest auf den ersten Blick nur schwer einschätzen, ob sich die Mühen einer Rettung lohnen werden. Denn bedenken Sie: Versäumtes aufzuholen bedeutet unter Umständen, eine längere finanzielle Durststrecke durchschreiten zu müssen. Daher stellen Sie sich unbedingt die alles entscheidende Frage: Hat Ihr Unternehmen die finanzielle Kraft für eine Kehrtwende, die sehr kostenintensiv sein kann?

Denn eines ist ganz klar: Nur eine Firma, die Gewinne abwirft, macht einem Unternehmer Freude. Wägen Sie daher Risiken und Chancen genau ab und treffen Sie eine klare Entscheidung. Bedenken Sie, dass jede Neuentwicklung und jede Dienstleistung viel Geld kos-ten. Die eingangs skizzierte Unternehmensanalyse liefert Ihnen solide Aussagen darüber, ob eine sehr gute, gute oder nur befriedigende Chance besteht, dass Ihr Unternehmen gesundet und wieder auf die technische Überholspur gelangen kann. Fällen Sie Ihre Entscheidung zugunsten Ihres Unternehmens, kann ich Ihnen zu Ihrem Mut nur gratulieren. Doch Sie brauchen, aus meiner Erfahrung, viel Geduld und Umsetzungsstärke, um Ihr Unternehmen aus der Krise zu füh-ren. Mit kurzzeitigem Aktionismus allein ist es nicht getan. Gehen Sie also davon aus, dass nicht nur Ihr Unternehmen, sondern auch Sie selbst sich in einen Entwicklungsprozess begeben müssen, aus dem beide am Ende gestärkt hervorgehen.

Wenn Ihre finanzielle Lage schon schlecht ist und die Banken bei Kreditvergaben bereits Schwierigkeiten machen, kann es durchaus sinnvoll sein, sich zuerst einen guten Finanzberater zu suchen. Daher sollten Sie im Vorfeld ernsthaft einige Alternativen gedanklich durch-spielen: Ist es vielleicht doch besser, die Firma zu verkaufen oder gar sinnvoll, sie aus Liquiditätsmangel in die Insolvenz zu führen?

Vielleicht bietet es sich sogar an, nach dem Insolvenzantrag einen Zwangsausgleich anzubieten, um dadurch einen zwar wenig eleganten, jedoch wirkungsvollen Entschuldungsprozess einzuleiten.

Sollten Sie erwägen, aus Kostengründen Ihre Produktion ins Ausland zu verlagern, möchte ich Ihnen nicht unbedingt abraten. Es gibt jedoch eine Menge vorzubringen, was es in diesem Fall zu bedenken gibt. Für viele mittelständische Unternehmen ist dieser Schritt wegen ihres starken regionalen Fokus, den notwendigen Fachleuten und Spezialisten aus der Region und der oft unzureichenden finanziellen Ressourcen ohnehin kaum möglich. Und trotzdem scheint die Produktionsverlagerung mit fortschreitender Globalisierung der Märkte durchaus auch für einige mittelständische Unternehmen zu einer strategischen Option geworden zu sein.

Auf den ersten Blick scheint es nicht ganz abwegig, eine Verlagerung des Produktionsstandortes in Betracht zu ziehen. Potenzielle Ziele könnten die Neuen Bundesländer mit ihren noch immer geringeren Einkommenserwartungen sein, osteuropäische Billiglohnländer wie Bulgarien, Rumänien (Nearshoring) oder – viel effektiver noch – fernöstliche Länder wie China oder Vietnam (Offshoring). In diesen Niedriglohnländern können Produkte heute zu wesentlich geringen Kosten in der geforderten Qualität gefertigt werden – verspricht zumindest die Theorie.

Und doch ist und bleibt die Produktionsverlagerung eine unberechenbare Aktivität, die – so spiegelt es auch die einschlägige Fachliteratur wider – mit hohen Risiken verbunden ist. Zu oft werden kostenorientierte Verlagerungsentscheidungen vorschnell und ohne exakte Abwägung der Risiken getroffen, insbesondere weil die große Anzahl von Variablen und die geringe Anzahl von Konstanten in den Rechenmodellen die Risikobewertung erschweren. Auch die Kalkulation der effektiv anfallenden Kosten kann lediglich auf hypothetischen Annahmen fußen. So weiß man erst nach der Verlagerung, was es bedeutet, verlagert zu haben – was in vielen Fällen zu Rück-verlagerungen führt, welche die betroffenen Unternehmen finanziell stark belasten. Besonders schwer trifft es die zurückkehrenden Unternehmen, wenn bei ihrer Rückkehr das frühere Fachpersonal nicht mehr zur Verfügung steht. Neue Mitarbeiter, und seien sie noch so gut qualifiziert, müssen aufwändig eingearbeitet und für die Aufgabe entsprechend ausgebildet und mit den entsprechenden Produktions-methoden vertraut gemacht werden. Und auch die mit dem Verlust der früheren Mitarbeiter weggebrochenen Erfahrungen können erst im Laufe der Zeit über Monate hinweg kompensiert werden – schwierige Rahmenbedingungen also, um wieder leistungsstark und wettbewerbsfähig Fuß zu fassen.

Mittelständische Unternehmen, die in Hochlohnländern wie Deutschland beheimatet sind, müssen deshalb neue Wege suchen, um die Wirtschaftlichkeit ihrer Fertigung aufrechtzuerhalten und die Wettbewerbsfähigkeit zu steigern. Der heutige globale Wettbewerb und das turbulente Umfeld fordern daher weitreichende Strategieanpassungen von den mittelständischen Unternehmen.

Für einen solchen Prozess ist langfristiges, vorausschauendes Denken gefragt. Es gilt, Strategien zu entwickeln, die der Zukunftssicherung und Risikostreuung des Unternehmens dienen. „Quick Wins" allein reichen nicht aus, um den veränderten Marktanforderungen zu genügen, auch wenn das Überleben eines Unternehmens eine Frage der Zeit sein kann.

Es stellt sich an dieser Stelle die Frage: Kann das Unternehmen, je nach Produktkategorie, noch 12 bis 36 und mehr Monate warten, bis ein neues Produkt oder eine neue Serie marktreif ist? Oder muss eine kurzfristige Lösung her, eine rein äußerliche Kosmetik, ein bestehendes Produkt im neuen Gewand? Für einen „Quick Win" kann es durchaus reichen „die Verpackung" den modernen Erfordernissen der Zeit anzupassen.

Bei einem Re-Design oder bei der Neuentwicklung von Produkten ist eine den Markterfordernissen angepasste Herstellung intelligenter und technisch hochwertiger Produkte ein zentrales Element, um im Wettbewerb bestehen zu können. Stehen die Chancen gut, Ihr Unternehmen zu sichern und die damit verbundenen Arbeitsplätze am Standort zu erhalten, kommen Sie nicht umhin, eine technische Neuaufstellung Ihres Unternehmens einzuleiten. Richten Sie Ihre Überlegungen dabei immer an der folgenden Frage aus: *Mit welchen Produkten, welchen technischen Verbesserungen, welchen Designänderungen lassen sich in kürzester Zeit auch langfristig Erfolge erzielen?*

Das KISS-Prinzip

Bevor Sie erste Schritte für eine technischen Kehrtwende Ihres Unternemens einleiten, ist es wesentlich, dass Sie sich mit einem wichtigen Prinzip für komplexe Planungsvorhaben vertraut machen und in Ihr Handeln integrieren: das KISS-Prinzip.

KISS ist ein Akronym aus dem Englischen und erfreut sich vieler Interpretationen. Im Grunde bedeutet es aber nichts weiter als „Keep it simple (&) stupid" – und meint damit, eine möglichst einfache und leicht verständliche Lösung eines Problems zu realisieren. Denn in der Einfachheit liegt die Stärke.

Im Marketing und in der Kommunikation wird KISS schon lange eingesetzt. So schreibt Kai Heß, ZTN Training & Consulting e. K. auf seiner Internetplattform: „Lange verschachtelte Sätze mit vielen Fachausdrücken – das führt oft zu Verständnisproblemen. Besser ist die KISS-Methode, denn damit wird die Kommunikation schneller, kürzer und einfacher."

Tatsache ist, dass KISS in sämtlichen Unternehmensbereichen erstaunliche Ergebnisse hervorbringt. So sind einfache Lösungen nicht nur erfolgreicher, sondern auch weniger fehleranfällig, kostengünstiger und schneller umzusetzen als ihre komplizierteren Kollegen. Auch reduziert sich das Risiko einer Überforderung durch den Anwender mit abnehmender Komplexität von Geräten, speziell im Bereich der Bedienbarkeit. Es gibt unzählige Beispiele für KISS. Einige möchte ich Ihnen kurz vorstellen.

Das Logistikunternehmen United Parcel Service (UPS) vermeidet bei der Routenplanung in Ländern mit Rechtsverkehr Linksabbiegen für die Auslieferung. Warum klingt das logisch und *kiss*? Das hat einige sehr gute Gründe: Der einfache Menschenverstand sagt einem schon, dass möglichst nicht nach links abzubiegen wahrscheinlich die Effektivität der Auslieferungen erhöht, weil beim Linksabbiegen mit Gegenverkehr erfahrungsgemäß viel Zeit verloren geht und zudem das Unfallrisiko höher ist. Bei UPS erfolgt die Routenplanung mit einer eigens dafür entwickelten Software, welche die Route so auslegt, dass beinahe in allen Fahrsituationen Linksabbiegen verhindert wird. Diese komplexe Software optimiert die Routen und verhindert Linksabbiegen immer dort, wo es eine sinnvolle Alternative gibt. Grob geschätzt etwa 90 Prozent aller Abbiegevorgänge der UPS-Fahrer erfolgen mittlerweile nach rechts, sowohl in Städten, als auch in ländlichen Gegenden.

Doch führte diese Umstellung nach dem KISS-Prinzip auch zum Erfolg? Nun ja, nach Angaben des Unternehmens konnten die Ausliefertouren der Zusteller so verbessert werden, dass 5,6 Millionen Liter Kraftstoff pro Jahr weniger verbraucht werden. Doch nicht nur der Treibstoffverbrauch pro Fahrzeug verringerte sich, auch die Fahrtzeit pro Fahrzeug verkürzte sich, und die Unfallhäufigkeit mit Beteiligung von UPS-Fahrzeugen konnte dadurch drastisch verringert werden. Weil in der gleichen Zeit mehr Kunden angefahren werden können, wächst der Ertrag pro Fahrzeug. So hat eine einfache, geniale Idee im Innovationsbereich UPS viele geldwerte Vorteile eingebracht.

Bleiben wir im mobilen Bereich, finden wir weitere Beispiele für KISS: So hat sich Toyota 2011 dazu entschlossen, Fahrzeuge in Fernost ohne Klimaanlage, ohne elektrischen Fensterheber und ohne Sitzheizung anzubieten. Ein voller Erfolg! Durch Weglassen von Funktionen, die für den Absatzmarkt und seine Zielgruppe ohne Bedeutung waren, ist es Toyota gelungen, seine Verkaufszahlen kräftig zu steigern.

Ein anderes Beispiel kommt aus dem Sanitärbereich: Als männlicher Leser kennen Sie vielleicht Urinale mit aufgemalten oder eingebrannten Fliegen im Becken, aber haben Sie schon einmal darüber nachgedacht, was für eine geniale KISS-Idee sich dahinter verbirgt? Erstmals erprobt wurde die Fliege im Männerurinal des Amsterdamer Flughafens Schiphol. Den dortigen Betreibern wurde es regelrecht zur Plage, die durch unkonzentriertes Zielen verursachten Verunreinigungen, hervorgerufen durch die Männer, zeitaufwändig reinigen zu lassen. So erfanden sie die Fliege – damals noch als Aufkleber. Seitdem Männer diese nun als gut sichtbares Zielobjekt anvisieren können, hat sich der Verschmutzungsgrad um die Becken herum deutlich verringert. Dass dieses Modell Schule gemacht hat, verwundert kaum – immer häufiger sind die eingebrannten oder aufgeklebten Fliegen jetzt auch in Deutschland und ganz Europa in Urinalen anzutreffen.

Was geschieht, wenn nicht KISS sondern andere Prämissen handlungsleitend sind, möchte ich Ihnen ebenfalls an einem Beispiel verdeutlichen. Erinnern Sie sich noch an Toll-Collect? Richtig, das Drama um die Einführung der LKW-Maut in Deutschland. Bereits 1994 gab es umfangreiche Vorschläge für die automatische Gebührenerhebung durch GSM-Mobilfunktechnik. Aus einem langwierigen Vergabeverfahren ist schließlich das Konsortium Toll-Collect als Sieger hervorgegangen. Allein die externe Beratung für das Ausschreibungsverfahren verursachte Honorarkosten in Höhe von 15,6 Mio. Euro. Weil die letztlich formulierte Aufgabenstellung im Vertragswerk aber so komplex war, konnte schließlich kein einziger Termin eingehalten werden – und das Thema LKW-Maut für Autobahnen wurde ein finanzielles und zeitliches Desaster in Deutschland und hat die Regierung in Erklärungsnöte manövriert. Anders dagegen verfuhren die Österreicher mit dem Thema. Die orientierten sich bei der Einführung ihres Maut-Systems an den Italienern, die seit Jahrzehnten Tele-Pass zur automatischen Gebührenerfassung auf ihren Autobahnen betreiben. Ein österreichisches Konsortium kaufte die entsprechenden Lizenzen und baute innerhalb von zwei Jahren das österreichische LKW-Maut-System auf, welches nachweislich gut funktioniert und entsprechend Geld in die Staatskasse bringt. Eine Lösung, die gemessen an der Komplexität der Aufgabe, einfach nur *kiss* war.

Auch wenn Sie an die Nutzung von Software denken, wird KISS offensichtlich. Sicher ist Ihnen schon aufgefallen, dass Sie gewisse Programme anderen, im Funktionsumfang ähnlichen oder gar identischen, vorziehen. Das liegt an der sogenannten „Usability" – je einfacher die Anwendung, desto erfolgreicher und beliebter ist sie.

Ich könnte diese Aufzählung beliebig fortsetzen. Wichtig ist dabei nur eines: Egal, was Sie anpacken oder verändern wollen, stellen Sie sich die Frage: *Entspricht mein Vorhaben dem Gedanken „Keep it simple and stupid". Dann haben Sie die Grundlage für Ihren Erfolg bereits gelegt.*

KISS und der Preis der Fehlleistung

In Zusammenhang mit KISS sollte man auch den „Preis der Fehlleistung" betrachten, welcher einen Teil aus dem Total Quality Management (TQM)[12] darstellt. Laut Gabler ist TQM die Optimierung der Qualität von Produkten und Dienstleistungen eines Unternehmens in allen Funktionsbereichen und auf allen Ebenen durch Mitwirkung aller Mitarbeiter. Total Quality Management strebt die Erhöhung der Kundenzufriedenheit an. Der Begriff Qualität und Qualitätsmanagement ist dagegen enger gefasst: Planung, Steuerung und Überwachung der Qualität eines Prozesses bzw. Prozessergebnisses; umfasst Qualitätsplanung, -lenkung, -prüfung, -verbesserung und -sicherung.

Was ist nun der „Preis der Fehlleistung" (PdF)? Das ist jener Betrag, den ein Unternehmen für Fehlleistungen aller Art mehr oder weniger freiwillig, bewusst oder auch unbewusst bezahlt.

Dazu einige leicht verständliche Beispiele. Kennen Sie das? Es sind 23 Personen in einem Meeting für drei Stunden, aber nur drei Mitarbeiter waren für das Meeting erforderlich. Laut Preis der Fehlleistung hat das Unternehmen 20 × 3 Stunden Ineffizienz toleriert, das sind 60 Stunden, also mehr als eine Woche. Legt man 100 Euro zugrunde, so hat das Meeting 6000 (sechstausend) Euro verschwendet. Sie glauben das nicht? Schauen Sie sich Ihre Meetings beim nächsten Mal genauer an.

Hier ein anders Beispiel aus einem Industrieunternehmen zum Preis der Fehlleistung. Drei Entwicklungsabteilungen dieses Unternehmens entwickelten an ein und demselben Standort je eine Embedded-Linux-Version für die Steuerung von Aufzügen. Sie denken, das ist ein Scherz? Nein! Realität im Jahr 2015. Es dauerte sechs Monate, bis die einzelnen Abteilungen die Entwicklungsziele der anderen Gruppen kennengelernt und sich auf eine Entwicklungsmannschaft und ein gemeinsames Entwicklungsziel verständigt hatten.

Noch ein Beispiel aus der Praxis? Produktentwicklung ist eine herausfordernde Aufgabe. Können Sie sich vorstellen, dass ein Pro-

---

12 http://wirtschaftslexikon.gabler.de/Definition/total-quality-management-tqm.html

dukt entwickelt wird und man erst kurz vor Serienanlauf und Indus-trialisierung herausfindet, dass man gegen Patente verstößt? Aus dem TQM kennt man die Forderung: „Null-Fehler-Qualität". Das heißt nicht, dass ein Unternehmen keine Fehler machen darf, der Sinn dahinter ist einfach: Mache den gleichen Fehler nicht ein weiteres Mal, denn dann ist es wiederum der Preis der Fehlleistung.

Es gäbe noch eine Vielzahl derartiger, schnell zu identifizierender Beispiele. Schauen Sie sich in Ihrem Unternehmen um und Sie wer-den sehen: Solche Beispiele gibt es in nahezu jedem Bereich.

Komplexer wird das Thema, wenn man in Fertigungsbetriebe schaut, denn Fehlleistungen können ebenso ineffiziente Abläufe oder nicht ausgenützte Ressourcen, wie auch die sogenannten „klassischen Qualitätskosten" sein, die durch Ausschuss und Nacharbeit entste-hen.

Studenten der Universität Graz[13] haben konkrete Fälle von Fehl-leistungen in einem Pkw-Motoren produzierenden Unternehmen untersucht und die dadurch verursachten Kosten (PdF) systemati-siert. Sie haben nachgewiesen, dass die tatsächlichen („wahren") Kos-ten von den ausgewiesenen bzw. dokumentierten erheblich abwichen und Ihr besonderes Augenmerk auf schwer erkennbare und schwer erfassbare Aufwände gelegt. Von Interesse ist dabei die von den Stu-denten entwickelte Methodik, welche es erlaubte, den PdF auf einfa-che Art und Weise zu ermitteln und somit einer Fehlleistung und deren Verursacher die „wahren" Kosten zuzuordnen.

Was aber hat KISS mit dem Preis der Fehlleistung zu tun? Sehr ein-fach! Die meisten Beispiele der Fehlleistungen können mit dem ein-fachen Menschenverstand behoben werden.

---

13 https://online.tugraz.at/tug_online/wbabs.showThesis?pThesisNr=6574&pOrgNr=

Teil 3

Technische „Kehrtwende" durch intelligente Produktion

Die Antwort auf die interne Unternehmenskrise lautet: intelligenter zu produzieren. Intelligente, einfache Lösungen sind gefragt, die den Einzelnen nicht überfordern, die Flexibilität der Organisation bewahren und Komplexitätskosten reduzieren. Oder anders gesagt: Produktionslösungen, die sich am KISS-Prinzip orientieren und die Stärken mittelständischer Unternehmen in den Fokus rücken.

Weil etablierte Produktionsmethoden wie *Lean Production* nur bedingt wirksam sind, ist es für die Innovationstätigkeit von KMUs von großer Bedeutung, sich neue Lösungswege zu überlegen. Besonders erfolgversprechend sind dabei Investitionen in die umsichtige und betriebsspezifische Umsetzung neuer Entwicklungs- und Produktionskonzepte. Festzustellen ist an dieser Stelle, dass die in Unternehmen vorhandenen Potenziale viel zu selten genutzt werden.

Variantenvielfalt in der Serienfertigung

Dieses Buch beschäftigt sich vorrangig mit dem Fertigungstyp der Kleinserienfertigung, da dieser in KMU am häufigsten anzutreffen ist. Die Potenziale der Effektivität der Massenfertigung sind heute weitestgehend erkannt und ausgeschöpft. Jedoch ist eine Betrachtung der Variantenvielfalt und deren Folgen auch für den Bereich der Massenfertigung ein interessantes Thema, welches mit *Lean Manufacturing* nicht immer erfolgreich zu beherrschen ist. Sie finden hierfür später ein Beispiel.

Der Fertigungstyp der traditionellen Kleinserien- oder Werkstattfertigung ist hauptsächlich von der kundenindividuellen Auftragsfertigung geprägt und bezeichnet die kundenbezogene Erstellung begrenzter Stückzahlen eines Produktes unter dem Einsatz wechselnder Produktionsverfahren. Charakteristisch sind die niedrige Wiederholhäufigkeit der Produkte, kleine Auftragsstückzahlen und eine komplexe Produkt- und Erzeugnisstruktur.

Besonders ins Gewicht fällt, dass Kleinserienfertiger aufgrund der begrenzten Stückzahlen in einem Marktsegment mit begrenzter Nachfrage kaum alle Produktionsprozesse automatisieren können, weshalb die Produktion sehr viel teurer ist als bei der Massenfertigung.

Die Kleinserienfertigung ist durch folgende Merkmale geprägt:

➢ starke Nachfrageschwankungen (kürzeren Arbeitszeiten) und/oder

➢ eine Vielzahl von Produkten mit geringen Stückzahlen kurze Arbeitsvorgänge) und/oder

➢ kundenspezifisch konstruierte Produkte (geringer bis mittlerer Automatisierungsgrad)

Mehr denn je verlangen höherwertige Funktionalität und individuelle Bedürfnisse auf weltweiten Märkten den Unternehmen eine immer größere Variantenvielfalt ab. Ändern sich die Marktanforderungen, sind die Unternehmen gezwungen, ihr Produktangebot weiterzuentwickeln und neue Varianten anzubieten. Varianten stellen dabei unterschiedliche Ausführungen von Produkten dar (Farbe, Leistung, Design etc.), die ein Unternehmen zur Erfüllung von Kundenbedürfnissen und Marktanforderungen anbietet.

Verursacher können Kundenwünsche, die dem Trend nach immer stärkerer Individualisierung folgen, aber auch globale Marktanforderungen sein: Werden Pickups fast ausschließlich von amerikanischen Kunden gekauft, sind die Kleinwagen Mini oder Smart rein europäische Erfolgsmodelle. Moderne medizintechnische Geräte, die den Anforderungen eines deutschen Labors genügen, sind für den indischen Markt meist viel zu teuer und in der Funktionalität zu komplex.

Diese starke Kundenorientierung bringt eine Variantenvielfalt hervor, die in der Regel zu einer stetigen Vergrößerung des Produktspektrums und zu einem erheblichen Zuwachs an betrieblicher Komplexität führt, die sich in Kosten und Prozessqualität negativ bemerkbar macht. Hinzu kommen historisch gewachsene Produktionsstrukturen mit einer hohen Vielzahl an Produkt- und Prozessvarianten.

Auch bei Großserien- oder Massenfertigungen, wie zum Beispiel in der Automobilzulieferindustrie, bringt die Kundenorientierung neue Aufgabenstellungen und Probleme mit sich, welche es zu lösen gilt. Die Zulieferfirmen müssen immer mehr Hochleistungsprodukte zum bestmöglichen Preis herstellen. Das führt dazu, dass jede neue Variante neue Herausforderungen für neue Produktionslinien, Abläufe und Testszenarien schafft.

Einen Tipp für Sie: Streben Sie Variantenvielfalt an und verwenden Sie dazu weniger bzw. sehr viele gleichgeartete Bauteilen. Das hilft, alle Prozesse entlang der Wertschöpfungs- und Lieferkette zu vereinfachen und reduziert zusätzlich die Produktionskosten. Wie sich dies umsetzen lässt, erfahren Sie später.

Beachten Sie bitte auch, dass die nachfolgenden Beispiele und Lösungen nicht für alle KMUs anwendbar sein müssen. Letztlich muss jedes Unternehmen anhand der Anregungen seine eigenen Methoden finden und entwickeln.

Komplexitätsfolgen für die Wertschöpfungs- und Lieferkette (Supply Chain)

Produktvarianten ermöglichen die Erfüllung zusätzlicher Kundenwünsche, die Bedienung neuer Marktsegmente oder die Erschließung neuer Kundenkreise und tragen damit maßgeblich zum Unternehmenserfolg bei. Sie verursachen allerdings auch erhebliche Kosten, die über alle Prozessschritte hinweg auftreten. Gerade weil aber im Markt ein sehr großer Verdrängungswettbewerb herrscht, ist es für KMUs besonders wichtig, dass die Produktion zu geringsten Herstellkosten (Material und Arbeitskraft) erfolgen kann.

Interessant ist dabei, dass viele KMUs ihre Produkte beziehungsweise deren Varianten isoliert planen, entwickeln und herstellen – immer mit dem Ziel, die Herstellkosten möglichst niedrig zu halten. Die alleinige Fokussierung auf die Herstellkosten führt oft dazu, dass die Geräte zwar den diesbezüglichen Vorgaben entsprechen, jedoch im Einkauf oder in der Logistik MehrkKosten verursachen. Stellt man dazu Wirtschaftlichkeitsberechnungen an, zeigt sich deutlich, wie sehr diese „Nebenkosten" die Herstellkosten belasten. Warum ist das so?

Die Variantenvielfalt von Produkten erzeugt zweifelsohne hohe Komplexitätskosten in der relevanten Supply Chain. Weil die einzelnen Varianten in der Regel mit eigenständiger Materialnummer im Materialstammsatz und eigener Stückliste daherkommen, korreliert die hohe Variantenvielfalt der Produkte mit der Vielfalt an Bauteilen und Komponenten.

Die durch Varianten getriebene Komplexität hat eine Reihe negativer Auswirkungen auf ein Unternehmen. Man bezeichnet diese auch als Komplexitätsfolgen, welche Zusatzkosten hervorrufen. So sehen sich KMUs, die in hoher Variantenvielfalt produzieren, üblicherweise mit den folgenden Herausforderungen entlang der Supply Chain konfrontiert:

➤ Variantenvielfalt führt zu insgesamt kleinen Einkaufspositionen mit hohen Einkaufspreisen und hohem Verwaltungsaufwand
➤ Variantenvielfalt führt zu hohem Logistikaufwand
➤ Variantenvielfalt führt zu hohem Bedarf an Lagerplatz
➤ Variantenvielfalt führt zu erschwerter Materialhandhabung

➢ Variantenvielfalt erschwert das Forecast-Management
➢ Bauteile, die aufgrund nachlassender Nachfrage einzelner Varianten nicht benötigt werden (Ladenhüter), blockieren Lagerplätze und binden Kapital

Im Bereich Materialwirtschaft muss beispielsweise aufgrund der Teilekomplexität eine größere Anzahl von Vorprodukten und Bauteilen beschafft, gelagert und verwaltet werden. Während der Bereich Einkauf wegen der geringen Stückzahlen und der vielen Varianten nur geringe Losgrößen kaufen kann, benötigt die Logistik wegen der Vielfalt der Bauteile viel mehr Lagerplätze.

Die große Vielfalt an unterschiedlichen Teilen für eine Produktgruppe erschwert weiterhin die Materialdisposition. So sind für die Kommissionierer, die für die Bereitstellung von Teilen für die Produktion aus dem Lager zuständig sind, vergleichsweise geringe Stückzahlen in großer Variation eine hohe organisatorische Herausforderung, die nicht selten zu Bereitstellungsfehlern führt.

Nicht selten kommt es vor, dass ein Produkt, das einmal in größerer Stückzahl angefragt ist, nicht gebaut werden kann, da ausgerechnet ein Bauteil einer speziellen Variante fehlt. In der Produktion führt die Montage innerbetrieblicher kleiner Lose von Fertig- und Zwischenprodukten mit hoher Komplexität zu erhöhten Aufwendungen. Die Montage von Klein- und Kleinstserien ist produktionstechnisch selten wirtschaftlich.

Folgende Auflistung gibt einen detaillierten Überblick über die Komplexitätsfolgen in den einzelnen Unternehmensbereichen. Sie macht deutlich, dass Variantenvielfalt vor allem eines ist: der stärkste Komplexitätstreiber in einem Unternehmen.

Produktentwicklung
➢ Höherer Aufwand für die Konstruktion der neuen Teile
➢ Erstellung und Verwaltung zusätzlicher technischer Unterlagen

➤ erhöhter Änderungsaufwand durch Varianten
➤ aufwändige Pflege zusätzlicher Teile bzw. Stammdaten
  (vgl. Firchau/Franke 2002b: 52 f.)

Einkauf/Logistik
➤ höhere Einstandspreise durch kleinere Beschaffungseinheiten
  (geringere Stückkostendegression, kostenintensiver Teilekauf
  durch Spezialteile)
➤ höherer Bedarfs-/Dispositionsaufwand für mehr Positionen
➤ größere Zahl von Zulieferern
➤ höherer Aufwand für Lieferantenmanagement und Vertrags-
  gestaltungen
➤ größere Wahrscheinlichkeit für Lieferausfälle (Fehlteile)
➤ höherer Aufwand für Wareneingangs- und Qualitätskontrolle
➤ umfangreichere Lagerhaltung der Vorprodukte in verschiedenen
  Variationen
➤ höherer Aufwand der Rechnungsprüfung
  (vgl. Piller/Waringer 1999: 14)

Fertigung/Produktion
➤ kleinere Losgrößen
➤ geringere Mengeneffekte, höhere Rüstkosten
➤ schlechte Auslastung der Maschinen, Verringerung der Overall
  Equipment Effectiveness (OEE)
➤ Leerkapazitäten (u. a. Maschinenleerzeiten) bei Nachfragerück-
  gang
➤ höhere Kosten durch Abstimmung mit externen Zulieferern
➤ hohes Risiko von Fehlteilen
➤ erhöhte Verwechslungsgefahr bei der Teilemontage
➤ häufigere wiederkehrende Klein-Serienanläufe
➤ eine aufwändigere Logistikplanung und Produktionssteuerung

➤ umfangreichere Qualitätskontrolle
➤ längere Durchlaufzeiten
➤ höhere Kapitalbindung durch höheres Investitionsvolumen in Spezialvorrichtungen
➤ einen erhöhten Platzbedarf am Montageband, Montageinseln und in der Kommissionierzone
➤ höhere Lagerbestände, wegen Vorhaltung von Langläufer-Materialien
➤ höherer Qualifizierungsaufwand der Mitarbeiter
(vgl. Piller/Waringer 1999: 14; Alders 2004: 8)

Absatz/Vertrieb
➤ aufwändigere Distribution
➤ höherer Schulungsaufwand der Vertriebsmitarbeiter
➤ höhere Marketingkosten
➤ geringere Liefertreue
(vgl. Piller/Waringer 1999: 14)

Wirtschaftliche Bewertung der Komplexitätskosten

Durch Konstruktion, Produktion und Vermarktung einer hohen Variantenvielfalt entstehen erhebliche Kosten durch Mehraufwand in allen Unternehmensbereichen. Diese sogenannten Komplexitätskosten werden in direkte und indirekte Kosten unterteilt.

Direkte Komplexitätskosten verändern sich annähernd proportional zur Komplexität und führen daher zu einem linearen Kostenanstieg. Zu diesen zählen die Kosten für Lagerbestände, Qualitätssicherung, Materialverwaltung, Produktdokumentation sowie Ersatzteile und Service.

Indirekte Kosten treten in Form von Opportunitätskosten auf und führen zu einem exponentiellen Kostenanstieg. Indirekte Kosten sind Effizienzverluste in der Produktion, Planungsaufwand und -qualität sowie Kannibalisierungseffekte (vgl. Homburg/Daum 1997: 333).

In jeder Stufe des Wertschöpfungsprozesses fallen außerdem durch erhöhten Aufwand bedingte hohe Personalkosten an.

Spricht man mit Managern und Mitarbeiter über das Thema Gesamtkostenanalyse, benutzen viele den Begriff "Total Cost of Ownership" (TCO). Aus diesem Grund bin ich der Frage nachgegangen, ob TCO das richtige Verfahrensmodell ist und ob man mit TCO die Gesamtkosten für Entwicklung, Produktion und Supply Chain bewerten kann. Mit anderen Worten: Ist für diese Berechnung das Modell geeignet? Die Recherche brachte hervor: TCO richtet sich schwerpunktmäßig auf die Bewertung der Beschaffung von Investitionsgütern.

Die „Total Cost of Ownership" (TCO) - bzw. Betriebskosten-Analyse ist ein Verfahren, mit dem sämtliche Kosten, die in einem Betrieb anfallen, erfasst, bewertet und analysiert werden können.

Laut Gabler Wirtschaftslexikon[14]:

[Die] Summe aller für die Anschaffung eines Vermögensgegenstandes (z. B. eines Computersystems), seine Nutzung und ggf. für die Entsorgung anfallenden Kosten. Total Costs of Ownership sind ein Gestaltungsaspekt während der Phase der Produktentwicklung; mit ihnen wird versucht, die Bestimmungsgründe der Kaufentscheidung des Kunden nachzuvollziehen und zu beeinflussen.

Life Cycle Costing (LCC)[15] ist ein Modell, das sich für die Gesamtkostenbetrachtung ebenfalls eignet. Es beinhaltet sowohl die Kunden- als auch die Produktionsperspektive.

---

14 http://wirtschaftslexikon.gabler.de/Definition/total-cost-of-ownership.html
15 https://de.wikipedia.org/wiki/Life_Cycle_Costing

Aus Produzentensicht sollten die gesamten eigenen Kosten als auch die Kosten, die beim Kunden anfallen, ermittelt werden. Bereits vor der Produktentwicklung sind deshalb die unterschiedlichen Kosten für ein Produkt sowie der Produktfamilien in Betracht zu ziehen. Interessant für Unternehmen ist auch die Perspektive des Kunden, die trotz zunehmender Kundenorientierung oft vernachlässigt wird. Den Kunden interessieren nur die eigenen Kosten von der Anschaffung bis zur Entsorgung. Ein Abwägen zwischen den einzelnen Möglichkeiten ist daher notwendig. Dabei sollte je nach Bedarf die Kunden- oder Produzentenperspektive betrachtet und kostenmäßig analysiert werden.

➤ **Kundenperspektive**
   ➤ Beschaffung
   ➤ Training und Verwendung
   ➤ Unterstützung durch den Hersteller
   ➤ Instandhaltung
   ➤ Entsorgung

➤ **Produzentenperspektive**
   ➤ Produktentwicklung und -konzeption
   ➤ Design
   ➤ Prozessentwicklung
   ➤ Produktion
   ➤ Logistik

Mit dem Ansatz von LCC kann eine Kostentransparenz leichter hergestellt werden. Betrachten wir ein Produkt unter dem Aspekt von LCC, können bereits im Vorfeld einer Investitionsentscheidung Kostentreiber oder auch versteckte Kosten identifiziert werden. Dies ist insbesondere für kleinserienfertigende und in großer Variantenvielfalt produzierende Unternehmen von immenser Bedeutung, weil gerade bei diesen die Intransparenz über die Komplexitätskosten ein großes Problem darstellt. In den meisten Unternehmen werden zwar die Produktentwicklung und -konzeption, Design, Prozessentwicklung, Produktion und Logistik für ein Einzelgerät oder Produkt berechnet. Selten werden die Berechnungen auf eine gesamte Produktfamilie ausgedehnt.

Indem nicht nur, wie vielfach üblich, die Kosten für die Entwicklung, sondern auch die Kosten pro Variante über das gesamten Life Cycle Costing (LCC) hinweg ermittelt werden, erhalten Unternehmen einen Überblick über die Komplexitätskosten und können Neu- und Variantenentwicklungen adäquat bewerten und die entsprechenden Entscheidungen treffen, z. B. Entwicklung mit dem Ansatz Gleichteileprinzip.

Welche Kosten dabei mit in die Gesamtberechnung einfließen, sollte das Controlling zusammen mit der Entwicklungsabteilung und dem Einkauf im Vorhinein festlegen. Dabei müssen beide Abteilungen beachten, dass sich die Kosten für ein Gerät eben nicht nur aus den Bauteil- und Montagekosten zusammensetzen, sondern auch aus den Komplexitätskosten, die sich aus der Variantenvielfalt ergeben.

In der wirtschaftlichen Realität von KMUs sieht es leider oft so aus, dass sich die Entwicklungsabteilung einzig um die vom Controlling vorgegebenen Herstellkosten pro Gerätevariante sorgt. Aufgrund dieser Einzelkalkulation findet man oft für ein und dasselbe Gerät – je nach Variante – unterschiedliche Baugruppen, nur um die Herstellkosten zu halten. Oft ist der Grund dafür schlichtweg der, dass man im Glauben ist, bei der einen oder anderen Variante mit weniger, dafür aber anderen Bauteilen auskommen zu können und dadurch die Gerätematerialkosten zu senken. Was zwar auf ein einzelnes Gerät zutrifft, jedoch in einer Gesamtbetrachtung ein anders Bild zeigen kann. So verlockend dieser Gedankengang auf den ersten Blick auch erscheint, mit Blick auf die Supply Chain erweist er sich als kontraproduktiv und teuer. Denn die vermeintlichen Einsparungen werden durch schlechte Einkaufskonditionen und höheren Lageraufwand bereits vernichtet. Daher kann es durchaus sinnvoll sein, höhere Herstellkosten innerhalb einer Produktlinie für ein Produkt zu akzeptieren, wenn die End-to-End-Betrachtung nach dem LCC-Ansatz ein positives Ergebnis zeigt und über alle Varianten gerechnet einen entsprechenden geforderten Deckungsbeitrag aufweist.

Uns interessiert die Gesamtkostenermittlung laut LCC an dieser Stelle vor allem deshalb, weil sich mit ihm aufgrund der vorgenommenen End-to-End-Betrachtung das Einsparpotenzial des Manufacturing-Smart-Ansatzes über den gesamten Entwicklungs-Life-Cycle ermitteln lässt. Spricht man jedoch von Produktlebenszyklus, so ist damit der Prozess von der Markteinführung bzw. Fertigstellung eines marktfähigen Gutes bis zu seiner Herausnahme aus dem Markt gemeint.

Variantenoptimierung durch „Manufacturing Smart"

Jede Art oder Form der Produktion ist ineffizient, wenn die Wertschöpfungs- und Lieferkette (Supply Chain) nicht einwandfrei funktioniert. Oftmals werden dann Insellösungen geschaffen, die in kleinen Unternehmensteilen ein Bewältigen der Komplexität unmöglich machen.

Gefordert aber sind ganzheitliche Konzepte, die den gesamten Wertschöpfungsprozess aufgreifen und dadurch Potenziale in allen Unternehmensbereichen heben – durch das Eliminieren von „Verschwendungen", das Verschlanken und Vereinfachen von Abläufen, sprich: durch Anwendung des KISS-Prinzips. Allein diese Vorgehensweise erlaubt eine End-to-End-Betrachtung von Unternehmensprozessen und kann so den Blick für Einsparpotenziale schärfen. Aufgrund der fehlenden Kostendegression, welche bei Massenproduktion erzielt werden kann, sind diese Einsparungen für KMUs besonders wertvoll.

Eine hohe Variantenvielfalt verursacht Kosten – eine geringe verhindert Kundenorientierung. Varianten einfach zu streichen, kann daher keine Lösung sein. Die alles entscheidende Frage lautet daher: Wie kann es gelingen, die Variantenvielfalt optimal an den bestehenden Kundenanforderungen auszurichten und gleichzeitig sämtliche Einsparpotenziale entlang der Supply Chain zu realisieren? Geht nicht, denken Sie? Sie ahnen es bereits: Geht nicht, gibt es nicht. Denn in Anlehnung an KISS gibt es hierfür eine denkbar einfache Lösung: **„Manufacturing Smart".**

„Manufacturing Smart" ist ein Konzept der Variantenoptimierung, das entgegen der naheliegenden Vermutung nicht erst in der Produktion, sondern bereits in der Entwicklung, also sprichwörtlich am Reißbrett oder heute natürlich am PC, der Workstation oder dem CAD-System beginnt. Denn nur in der Entwicklung können richtungsweisende Änderungen auf den Weg gebracht werden.

Der Prozess der Produktentwicklung entscheidet nicht nur über Produktdesign, sondern auch über einsetzbare Produktionsverfahren und benötigte Materialien. So beeinflusst die Entwicklung maßgeblich Fertigungszeiten und die entstehende Kosten. Verbesserungen der Entwicklungsaktivitäten können daher vielfältige kostensparende Folgewirkungen entfalten.

Nicht allein die steigenden Materialkosten machen es notwendig, trotz der vom Kunden geforderten Produktdifferenzierung schon bei der Produktentwicklung einen reduzierten Ressourceneinsatz im Blick zu haben. Materialkosten machen heute beinahe 50 Prozent des Brutto-Produktwertes aus – ein durch Schwachstellen in der Produktentwicklung verursachter Materialmehrverbrauch wird daher schnell zum Kostenfaktor.

Um diese Kosten zu eliminieren, entwickelte sich in weiten Teilen der Automobilindustrie unter dem Stichwort Plattformstrategie eine Mischform, die auch als „flexible Massenfertigung" (Benko/Dundford 1991: 289) bezeichnet wird. Die Plattformstrategie lässt sich als Gleichteileprinzip definieren, das produktübergreifend die Verwendung identischer Teile, Komponenten und Module vorsieht und damit zu einer signifikanten Verringerung der Variantenvielfalt und Komplexität führt.

Bei dieser Strategie wird versucht, eine immer stärkere Differenzierung der für den Kunden wahrnehmbaren Eigenschaften eines Produktes mit einer konsequenten Standardisierung von Bauteilen zu kombinieren, um so die bei einer flexiblen Produktion entstehen – den *Economies of Scope*[16] (was nichts anderes bedeutet als Verbundeffekt, auch Verbundvorteil) zu nutzen. In einem Unternehmen kann man den produktbezogenen Verbundvorteil durch das Gleichteileprinzip erreichen – speziell bei der Kostenreduktion durch verbesserte Einkaufskonditionen und vieles mehr.

Economies of Scale[17] (deutsch: Skaleneffekte, Skalenerträge, Skalenvorteile) bezeichnen Größenvorteile, die darin zum Ausdruck kommen, dass die Selbstkosten je Stück – d. h., die im Unternehmen für ein Produkt anfallenden Kosten – mit steigender Produktionsmenge (und damit der Unternehmensgröße) sinken. Diese Sichtweise ist in der Automobilindustrie bestens bekannt und hat dort aufgrund der enorm hohen Stückzahlen auch eine signifikant größere Wirkung als bei KMUs – so glaube ich jedenfalls.

---

16 https://de.wikipedia.org/wiki/Verbundeffekt
17 http://www.welt-der-bwl.de/Economies-of-Scale

Das Konzept „Manufacturing Smart" beruht ebenfalls auf einem Baukastenprinzip (Modularisierung), also auf einer Plattformstrategie, und wurde speziell für solche KMUs entwickelt, die eine hohe Variantenvielfalt von Produkten oder Geräten herstellen.

„Manufacturing Smart" zielt darauf ab, durch Eingriffe in der Produktentwicklung Kosteneffekte zu erzielen. Durch vorausschauende Entwicklungsarbeit wird das gesamte Produktportfolio eines Unternehmens so gestaltet, dass eine verbesserte Produktionsleistung für die Serienfertigung verwertbar wird.

Die Grundidee ist, wie schon gesagt, vergleichsweise einfach: Ein Re-Design der Produkte erlaubt die Beibehaltung der kundenindividuellen Variantenvielfalt bei gleichzeitiger Reduzierung der varianteneigenen Bauteilevielfalt. Re-Design bedeutet dabei nichts weniger als die komplette Neuentwicklung der Produkte – vom Kern über die Struktur bis zum äußeren Erscheinungsbild, wobei immer das gesamte Produktportfolio berücksichtigt werden muss.

Was bedeutet das im Klartext? Die Produkte werden so verändert, dass sich ihre Varianten in ihrer Funktionalität oder äußerlich klar unterscheiden, im Inneren jedoch in hohem Maße die gleichen Bauteile, am besten noch produktübergreifend, verwendet werden. Denkbar ist beispielsweise, dass allein die Bedienelemente den Unterschied zwischen den Varianten ausmachen, während der innere Aufbau absolut identisch ist.

So lautet das wichtigste Merkmal von „Manufacturing Smart":
➤ Hohe externe Variantenvielfalt bei geringer interner Komplexität

Die Kerngedanken von "Manufacturing Smart" sind:
➤ Vereinheitlichung und Vereinfachung von Produkten
➤ Vereinheitlichung und Vereinfachung der Baugruppen und Bauteile

➤ Vereinfachung von Verfahren in Form von technisch optimalen Lösungen

➤ Eliminierung der inneren Produktvarianten innerhalb des Portfolios durch das Gleichteileprinzip

➤ Beibehaltung der äußeren Produktvarianten für den Kunden

Zwei Optimierungsansätze kristallisieren sich dabei klar heraus:

➤ Reduzierung der Entwicklungskosten

➤ Verbesserung der Supply Chain durch höhere Mengen an Gleichteilen

Eine Reduktion der Komplexität bedeutet also nicht, dass der Kunde weniger Varianten kaufen kann. Sie bedeutet aber, dass die produkttechnischen Varianten über das gesamte Produktportfolio hinweg durch Standardisierung und Anwendung des Gleichteileprinzips verringert werden. Die Optimierung der Produktpalette, die Reduktion und Standardisierung von Bauteilen und damit ihr plattformübergreifender Einsatz sind dabei das A und O einer optimierten Supply Chain. In der ökonomischen Perspektive des strategischen Produktionsmanagements zielt „Manufacturing Smart" auf die Sicherung des Unternehmenserfolges durch die Reduzierung von Kosten durch Synergieeffekte in der Entwicklung, Produktion und Wertschöpfungs- und Lieferkette ab.

Bevor wir uns mit der praktischen Umsetzung von „Manufacturing Smart" in mittelständischen Unternehmen beschäftigen, möchte ich Sie zunächst auf einen Exkurs zur Gestaltung von Produktentwicklungsprozessen mitnehmen. Das Innovationsmanagement ist dabei für alle Aktivitäten des Produktentwicklungsprozesses zuständig – von der Entwicklung der Produktidee bis zur Markteinführung und der anschließenden Übergabe an die Produktionsverantwortlichen.

Innovations- und Patentmanagement

Was Ihnen KISS vermitteln sollte: Komplexe Probleme erfordern geniale Ideen und einfache Lösungen. Nur daraus entstehen Innovationen, die in Ihre Produktentwicklung einfließen können. Doch woher nehmen, wenn nicht stehlen ...

Natürlich gibt es reichlich viele anwendbare Tools und unterstützende Softwareprogramme für das Innovationsmanagement, die alle auch individuell an Ihr Unternehmen angepasst werden können. Doch bei aller Brauchbarkeit – bedenken Sie stets: Kein Innovationsmanagement-Tool entwickelt die Ideen für Ihre Innovationen.

Das beste IT-Werkzeug ist nutzlos, wenn es nicht Mitarbeiter gibt, die es gezielt und ständig mit Daten füttern und aktualisieren. Es stellt sich daher nicht die Frage, welche Software Sie einsetzen, sondern auf welche Art und Weise Sie die Ideen Ihrer Mitarbeiter nutzen, um sie zu innovativen Produkten weiterzuentwickeln. Die Fähigkeit Ihrer Mitarbeiter, Ideen hervorzubringen, kann durch kein Werkzeug ersetzt werden.

Kennen Sie die „drei goldenen Regeln des Beamtentums"?

➤ Das haben wir immer so gemacht!
➤ Das haben wir noch nie gemacht!
➤ Da könnte ja jeder kommen!

Leider sind Totschlagargumente dieser Art auch aus den Chefetagen vieler Unternehmen zu hören: „Aber, lieber Kollege, das haben wir schon immer so gemacht – es gibt keinen Grund für uns, irgendetwas daran zu ändern ..." Solche Aussagen sind Ideenkiller, die jeden Verbesserungsvorschlag im Keim ersticken und die Mitarbeiter mit Ideen mundtot machen.

Führungskräfte hingegen, die für die Vorschläge ihrer Mitarbeiter offen sind, aktivieren mit einem gelungenen Ideenmanagement die kreativen Reserven ihrer Mitarbeiter und fördern ganz nebenbei auch noch deren Motivation und Einsatzbereitschaft.

Denn der Hintergrund ist doch der: Mitarbeiter, die einen Vorschlag unterbreiten, haben sich in der Regel etwas dabei gedacht. Diese Menschen wollen ernst genommen werden. Und auch wenn einige Ideen nicht gleich auf den ersten Blick verständlich sind: Nehmen Sie sich die Zeit, den Vorschlägen gezielt nachzugehen. Niemand kennt die hauseigenen Produkte besser als Ihre Mitarbeiter. Nutzen Sie dieses Potenzial! Bekunden Sie Interesse, fragen Sie Ihren Mitarbeiter, wie Sie sich die Idee vorzustellen haben und was diese für die Praxis bedeuten. Sie werden sich wundern, welch geniale Ideen sich hinter schlichten Aussagen verbergen können.

Sie können Ihre Mitarbeiter persönlich dazu ermuntern, ihre Ideen vorzutragen, Sie können aber auch ein betriebliches Vorschlagswesen etablieren oder Brainstormings zu einzelnen Themen initiieren. Das können Themen aus dem technischen Bereich, aus dem Marketing oder auch aus dem Verkauf sein.

Wichtig bei Brainstormings ist allerdings, sogenannte verbale Untergriffe (Kritiken, Wertungen, Beurteilungen) bereits im Vorhinein zu untersagen und Innovationsverhinderer („viel zu teuer", „geht nicht", „wir haben nicht das Fachwissen dafür") klar auszubremsen.

Interessieren Sie sich für Innovationsmanagement-Methoden, empfehle ich Ihnen die Teilnahme an Workshops oder einem Innovation-Management-Seminar[18] zu diesen Themen. Ich möchte es an dieser Stelle dabei bewenden lassen und mich dem Patentmanagement zuwenden – als logischem Folgeschritt nach der Ideenfindung, denn schließlich sollen die Ideen als geschützte Innovationen in die Produktentwicklung einfließen.

---

18 http://www.creaffective.de/de/trainings/innovationsmanagement-seminar

Das Patentmanagement als entscheidender Schritt der Innovationsmanagements wird in vielen Unternehmen trotz eigener Forschungs-und Entwicklungsabteilungen häufig nur stiefmütterlich behandelt. Dabei kann ein aktives Patentmanagement das Innovationsmanagement bei der Planung und Steuerung von Innovationsprozessen unterstützen und damit die Rentabilität und Stabilität eines Unternehmens deutlich steigern.

Die zentrale Aufgabe des Patentmanagement ist es, aus dem Schutz von geistigem Eigentum befristete Wettbewerbsvorteile für das eigene Unternehmen zu erzielen. Das geschieht immer dann, wenn das Unternehmen aufgrund des Patentschutzes alleinig dazu befugt ist, eine neue Technologie oder Innovation zu verwenden oder zu verwerten.

Das Schützen bestehender Patentrechte, das rechtliche Verfolgen von Patentverletzungen, die Analyse des Patentportfolios und die erfolgreiche Positionierung und Vermarktung der Patente, all das sind wichtige Bestandteile eines aktiven Patentmanagements. Am besten engagieren Sie dafür eine Patentagentur oder einen Patentanwalt.

Beim Patentmanagement geht es aber nicht nur um den Schutz des eigenen Know-hows, sondern auch darum, die Patente ihrer Mitbewerber zu kennen. Das ist nicht nur insofern wichtig, als dass die Verletzung bestehender Patente Sie ungeheuer viel Geld kosten kann. Es ist auch deswegen relevant, weil bestehende Patente einen signifikanten Einfluss auf Ihre Produktentwicklung haben. So empfiehlt es sich dringend, die angestrebten Funktionen und Entwicklungsziele im Vorfeld bereits auf vorhandene Patente zu überprüfen. Das erspart nicht nur jede Menge Überraschungen, sondern auch sehr viel Zeit und Geld. Kaum etwas ist schlimmer und deprimierender, als nach monatelanger Entwicklungsarbeit festzustellen, dass bestehende Patente Ihrer Konkurrenten die Umsetzung neuer Technologien verhindern. Die Entwicklung müsste gestoppt werden und dann von vorn beginnen. Möglicherweise müssen viele Umgehungsmöglichkeiten durchdacht, neue Lösungsansätze entwickelt oder sogar ein komplett neuer Entwicklungsansatz gefunden werden. Die Entwicklungskosten steigen dadurch rapide an, und möglicherweise können Sie kurzfristig die angestrebten Entwicklungsziele nicht realisieren. Schlimmer noch ist die verlorene Entwicklungszeit und der Umstand, dass ein Produkt dadurch erst Monate später Serienreife erreicht. Mit anderen Worten: Der Serienstart verspätet sich und es können keine Umsätze generiert werden mit dem neuen Produkt. Ein Imageverlust wäre unter Umständen ebenfalls die Folge. Bringen Sie mit eigenen Patenten lieber Ihre Mitbewerber ins Schwitzen, statt sich dieses Szenario auch nur halbwegs vorzustellen. Zudem hält Sie die Beschäftigung mit den aktuellen Patenten Ihres Fachgebietes permanent auf dem neuesten Stand der technischen Entwicklungen. Und das zu einem außerordentlich niedrigen Preis.

Gestaltung von Produktentwicklungsprozessen

Zur Planung und Steuerung von Produktentwicklungsprozessen gibt es eine Reihe von Prozessstrukturen, die den zeitlichen Ablauf eines Entwicklungsprojektes nach bestimmten Schwerpunkten ordnen und Schnittstellen definieren. Im folgenden Abschnitt möchte ich Ihnen gängige Vorgehensmodelle vorstellen, die Ihnen dabei helfen werden, Entwicklungsprozesse erfolgreich umzusetzen.

Je umfangreicher sich das Entwicklungsprojekt gestaltet, je komplexer die Änderungen an bestehenden Systemen sind, desto höhere Ansprüche werden an den Entwicklungsprozess gestellt. Werden Produkt- und Prozessanforderungen nur unzureichend oder unklar definiert, erhöht sich das Risiko für ein Scheitern des Projektes. Das zu verhindern, ist die Aufgabe des Anforderungsmanagements oder auch **Requirement Engineering** (RE). Es sorgt dafür, dass Anforderungen, Aufgaben und Projektziele exakt und nachvollziehbar beschrieben werden, was zu einer optimalen Kommunikation zwischen Projektleitung und Entwicklungsteam beiträgt. Ein gutes Requirement Engineering hat entscheidende Auswirkungen auf die Qualität des entstehenden Systems und bestimmt letztlich den Projekterfolg.

Requirement Engineering kann bei jedem Entwicklungsprozess angewendet werden. Natürlich sollten Sie sich vorher fragen, wie strikt der RE-Prozess in dem jeweiligen Projekt definiert sein muss. Geht es beispielsweise darum, kleine Änderungen an einem Produkt firmenintern zwischen zwei Personen abzusprechen, reicht es mithin, wenn beide ein gemeinsames Verständnis über die Änderung und deren Auswirkung haben. Hingegen erfordern zum Beispiel Produkte mit sicherheitsrelevanten Anforderungen einen wesentlich ausführlicheren Requirement-Prozess, der eine detaillierte Dokumentation und die Abstimmung mit allen Beteiligten vorsieht.

Die Anforderungen beschreiben die Kundenwünsche, welche sich in den Eigenschaften des zu entwickelnden Systems oder Produkts niederschlagen sollen.

Zur Info: Alle Abteilungen innerhalb eines Unternehmens können Kunden und auch Lieferanten sein. Beachten Sie daher: Der Vertrieb ist Kunde bei der Entwicklung. Im Requirement Engineering muss daher streng zwischen Anforderungen und Lösungen unterschieden werden.

Das Requirement Engineering selbst besteht aus zwei Modulen: der Anforderungsanalyse und dem Requirement Management. Zunächst geht es darum, die Bedürfnisse und den Nutzen für den internen und externen Kunden zu identifizieren und eindeutig, widerspruchsfrei und vollständig zu beschreiben (Anforderungsspezifikation: Lastenheft), um anschließend die Lösungen zu generieren

(Lösungsspezifikationen: Pflichtenheft, Fachkonzept). So dienen die Anforderungen als Richtlinie, die festlegt, welche Funktionalitäten das System in welcher Qualität nach der Fertigstellung aufweisen muss.

Um innerhalb des Entwicklungsprozesses die Erhebung und die Verarbeitung von Anforderungen zu unterstützen, stellt das Requirement Engineering methodische Vorgehensmodelle zur Verfügung. Dazu zählen klassische Methoden wie das V-Modell oder das Wasserfall-Modell, aber auch sehr dynamische, agile Methoden wie SCRUM.

Jedes dieser Modelle beruht auf unterschiedlichen Strategien und sollte so gewählt werden, dass es zu den Bedingungen des Unternehmens oder des Projektes passt. Wichtig ist: Bei den Entwicklungsmethoden steht nicht primär die Führung, sondern die Gestaltung der Projektabwicklung im Vordergrund.

Welche der Methoden allerdings die beste ist, darüber streiten die Experten. Die einen schwören auf SCRUM und behaupten, damit gehe alles leichter, andere sehen im V-Modell die Lösung für Entwicklungskompetenz. Viele Unternehmen haben sogar eigene Vorschriften für Entwicklungsprozesse, nimmt man diese aber genauer unter die Lupe, merkt man schnell, dass diese einer in zeitlicher Hinsicht optimalen Produktentwicklung oftmals sogar im Wege stehen.

Die in Mitteleuropa gebräuchlichste klassische Entwicklungsmethode ist das V-Modell, welches insbesondere für Vorhaben in den Bereichen Konstruktion, Elektronik-Hardware und Software angewendet wird. Auch findet es in nahezu jedem Unternehmen des Fahrzeugbaus Anwendung.

Wenn es auch von einigen als starr und unflexibel bezeichnet wird, so hat die stringente Vorgehensweise bei Einhaltung der Ziele doch den Vorteil, dass alle Phasen schlüssig und überprüfbar sind.

Hardware-Software-Entwicklungsprozess

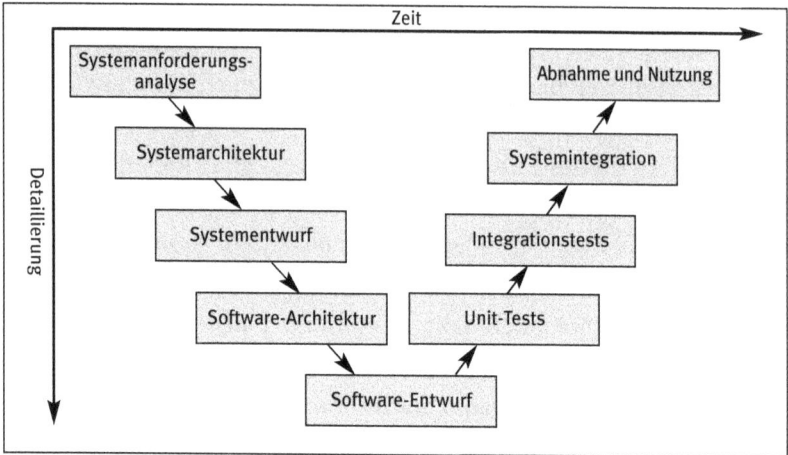

Abb. 3: V-Modell (Quelle: Wikipedia)

Der Nachfolger des V-Modells ist das V-Modell XT[19] – ein flexibles Modell zum Planen und Durchführen von Entwicklungsprojekten insbesondere im IT-Bereich. Das XT steht dabei für „extreme tailoring". Das V-Modell XT gibt Ergebnisse und Abläufe so vor, dass zu keinem Zeitpunkt unnötige Arbeiten oder Leerlaufzeiten entstehen. Zusätzlich regelt das V-Modell XT die Kommunikation zwischen Auftraggebern und Auftragnehmern, um typische Quellen für Missverständnisse zwischen den Beteiligten auszuschließen. In der wissenschaftlichen Literatur werden Leitfäden wie das V-Modell XT auch häufig als „Prozessmodelle" bezeichnet.

Das Wasserfallmodell[20] ist ein ebenfalls sehr verbreitetes, lineares (nicht iteratives) Entwicklungsmodell, das ähnlich dem V-Modell in Phasen organisiert wird. Die Bezeichnung „Wasserfall" leitet sich von

19 http://www.cio.bund.de/Web/DE/Architekturen-und-Standards/V-Modell-XT/ vmodell_xt_node.html
20 https://de.wikipedia.org/wiki/Wasserfallmodell

der grafischen Darstellung der fünf bis sechs als Kaskade angeordne-
ten Phasen ab.

Beim Wasserfallmodell hat jede Phase einen definierten Start- und
Endpunkt mit eindeutig definierten Ergebnissen. In Meilensteinsit-
zungen am jeweiligen Phasenende werden die Ergebnisdokumente
(Lasten- und Pflichtenheft) verabschiedet.

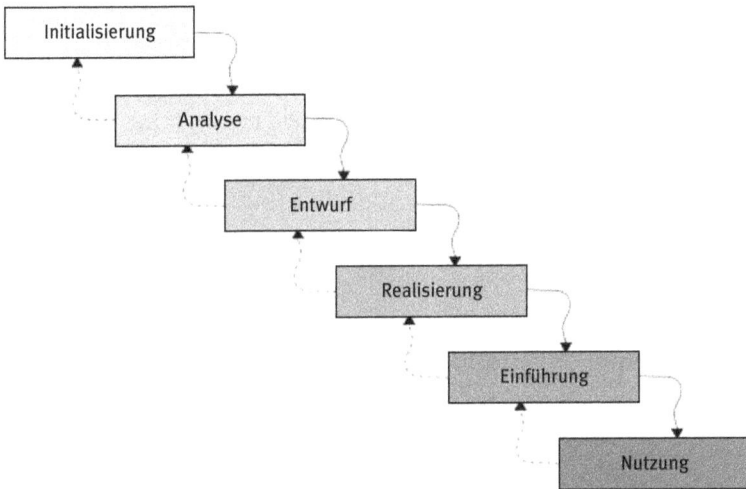

Abb. 4: Wasserfallmodell (Quelle: Wikipedia)

Neben den klassischen Vorgehensmodellen gibt es die agilen Ent-
wicklungsmethoden, die auf gänzlich anderen Prinzipien fußen. Ein
Auszug daraus:
➤ Menschen sind wichtiger als Prozesse und Werkzeuge.
➤ Funktionierende Entwicklungen sind wichtiger als eine allum-
   fassende Dokumentation.
➤ Die Abstimmung und Zusammenarbeit mit dem Kunden ist wichti-
   ger als die Verfolgung der ursprünglichen Ziele und Anforderungen.
➤ Das Annehmen von Veränderungen ist wichtiger als das starre
   Festhalten am ursprünglichen Plan.

Eine dieser agilen Methoden ist das Vorgehensmodell SCRUM, das ursprünglich entwickelt wurde, um Software-Entwicklungen schneller voranzutreiben – heute aber auch in vielen anderen Bereichen angewendet wird.

Das Ziel ist auch bei SCRUM: schnell und kostengünstig hochwertige Produkte zu entwickeln. Oberstes Handlungsprinzip ist dabei das freie und schnelle Reagieren auf geänderte Rahmenbedingungen, um den Entwicklungsprozess flexibler und schlanker zu gestalten.

Die Anforderungen des Projekts werden dafür im sogenannten Produktrückstand (Product Backlog) gesammelt, gepflegt und priorisiert. Für die Bearbeitung der Anforderungen nimmt SCRUM lediglich eine Grobplanung mit einer Abfolge von Sprints (kurze Zeitintervalle) vor. Für jeden Sprint werden dem Product Backlog Anforderungen entnommen und im Sprint Backlog definiert. Diese dienen dem Team als Vorgabe. Während der Sprints organisiert sich das Team selbst und verteilt auch die Aufgaben untereinander selbstständig.

Stake Holder		Management
Product Owner	Entwicklungs-Team	SCRUM MASTER
Verantwortlich für den wirtschaftlichen Erfolg	Umsetzung der gewünschten Funktionalitäten	Führt SCRUM ein
Festlegung der Produkteigenschaften	Team bestimmt die Abfolge und sichert die Qualität	Löst Kommunikations-probleme
Beschreibung der Eigenschaften im Product Backlog	Teams von 3 bis 9 Personen	Unterstützt und coacht das Team
Refinement Product Backlog	Durchführung der Sprint Planung	Unterstützt den Product Owner

Abb. 5: SCRUM-Funktionen in Kurzfassung

Insbesondere bei der Produktentwicklung liegen die Vorteile agiler Methoden klar auf der Hand. Und doch gibt es häufig Rahmenbedingungen, die gegen ein rein agiles Vorgehen sprechen, insbesondere wenn ein Unternehmen eigene erfolgreiche Projektmanagementmethoden und Entwicklungsverfahren etabliert hat.

Die steigende Bedeutung des Projektmanagements hat in den letzten Jahrzehnten eine Vielzahl von Organisationen und Systemen hervorgebracht. Beinahe jede Nation in Mitteleuropa hat ihren eigenen Projektmanagement-Ansatz entwickelt, der in unterschiedlichen Konzepten und auch Zertifizierungen mündet.

Neben den internationalen Organisationen International Project Management Association (IPMA) und Project Management Institute (PMI) zählt das vom britischen Office of Government Commerce (OGC) herausgegebene PRINCE2 mit über 750.000 Zertifizierungen zum weltweit führenden Standard für das Projektmanagement.

Entwicklungsmethoden wie SCRUM oder das V-Modell können Projektmanagement-Standards nicht ersetzen, aber hervorragend in diese integriert werden. Daher bietet es sich an, klassisches und agiles Vorgehen ergänzend einzusetzen, beispielsweise in einer Kombination von PRINCE2 und SCRUM.

Für welche Methode Sie sich auch immer entscheiden – wesentlich für den Erfolg Ihres Entwicklungsprojektes ist es, dass Projektleiter und Entwickler die gleiche Sprache sprechen und die Anforderungen und Zielsetzung des Entwicklungsprojektes genau kennen.

Teil 4

„Manufacturing Smart" – ein Lösungsansatz für KMUs

„Manufacturing Smart" kann prinzipiell alle KMUs mit Kleinserien-fertigung unterstützen, hat aber auch weitere interessante Ansätze, welche auch für Großserien von Interesse sein können. Um Ihnen die Umsetzung des Konzeptes näherzubringen, werde ich Ihnen die ein-zelnen notwendigen Schritte an einem Beispiel aus meiner berufli-chen Praxis erläutern.

Zur Ausgangslage: Das Unternehmen, für das ich nahezu zwei Jahre lang als Berater tätig war, hat sich auf die Entwicklung und Pro-duktion von elektrotechnischen Kleinst- und Kleingeräten für den internationalen Laborgerätemarkt spezialisiert. Interessenten konnten die einzelnen Modelle aus einem Katalog bestellen. Die vom Erzeuger angestrebte Lieferzeit war eine Woche nach Auftragseingang, was dazu führte, dass vermeintlich häufig nachgefragte Geräte auf „Lager" gebaut wurden, um die Kunden schnellstens beliefern zu können.

Die vom Unternehmen an mich gestellte Aufgabe war, zuerst die Entwicklungsabteilung zu reorganisieren und die bestehenden Unter-nehmensprozesse zu optimieren, bis ein neuer Abteilungsleiter für die Produktentwicklung gefunden war. Das wesentliche Ziel des Unternehmens und seiner Entwicklungsabteilung bestand darin, Teile der Produktpalette in kürzester Frist zu erneuern.

Da das Management – aus welchen Grund auch immer – einen Teil der Entwicklungsmannschaft kurzfristig freigesetzt hatte, war nur eine Rumpfentwicklungsmannschaft vorhanden. Deshalb mussten zuerst ein neues Entwicklungsteam aufgebaut sowie die bestehenden technischen Probleme der im Portfolio befindlichen Geräte einzelner Geräteserien behoben werden. Zugegeben, keine einfache Aufgabe. Eine große Herausforderung, denn wie bereits eingangs erwähnt: Fehlerhafte Produkte tragen nicht zum Verkaufserfolg bei, diese

Geräte ruinieren die Reputation eines Unternehmens, gerade in einem stark umkämpften, sehr begrenzten Markt.

Die Zielsetzung war klar, die Aufgabe umrissen, die Produktfamilien, die zu erneuern waren, standen fest. Betrachtete man die Aufgabenstellung genauer, war die Zielsetzung, Neuerungen im Design und in der Steuerung der Geräte umzusetzen. Kein Ansinnen von Gleichteileprinzip, Internationalisierung der Produkte, Vereinfachung der Produktion, welche zusätzlich im Ergebnis zu einer deutlichen Produktivitäts- und Ertragssteigerung führen sollen. Mit anderen Worten, ein einfacher Job.

Mit welch einer Strategie startet man diese Aufgabe? Im ersten Schritt wurden die Produktfamilien sowie die einzelnen Produkte innerhalb der Familien angesehen, bewertet und Gemeinsamkeiten erhoben. Zeitgleich gab es Gespräche mit den Abteilungsleitern von Einkauf und Logistik, Arbeitsvorbereitung und Produktion, dem Vertrieb sowie der Abteilung Qualitätssicherung. Aus diesen Gesprächen leitete sich bereits ab, unter welchen Rahmenbedingungen eingekauft, produziert und verkauft wurde. Anhand der Vorgespräche und Erkenntnisse wurde mit der detaillierten Unternehmensanalyse begonnen. Denn nur eine oder mehrere Produktfamilien zu erneuern, konnte nicht das alleinige Ziel der Neuentwicklung von Geräten sein.

Welche Kernprobleme wurden vorgebracht?

➤ Mangelhafte Produktqualität
➤ Variantenvielfalt und dadurch große Teilevielfalt auch innerhalb der Produktfamilien
➤ Hohe Einkaufspreise wegen kleiner/geringer Einkaufsmengen
➤ Große Materialvorräte im Lager wegen der vielen Produktvarianten
➤ Beistellzeiten für Material teilweise sehr lang aufgrund der vielen Einzelteile

> Produktionsausfall wegen Fehlteilen
> Fertige Produkte liegen im Lager, aber in der falschen Länderausführung

Die Liste könnte man noch erweitern. Die Unternehmensanalyse zeigte recht schnell, dass die Handhabung der hohen Variantenvielfalt der Produkte eine besondere Herausforderung darstellte, speziell für den Einkauf, die Lagerlogistik und Produktion. Mehr dazu später in diesem Kapitel.

Es stellte sich die Frage: Wie kann man die Variantenvielfalt für den Kunden aufrechterhalten, jedoch innerhalb der Produktpalette eindämmen und dadurch in den Bereichen Einkauf, Lagerlogistik und Produktion die Arbeit vereinfachen. Mit dem Ziel, diese Vielfalt entweder nachträglich einzudämmen oder bei Neuentwicklungen von vornherein beherrschbar zu machen, habe ich das Konzept „Manufacturing Smart" entwickelt und umgesetzt.

Das Unternehmen beschäftigte etwa 150 Mitarbeiter. Zwischen 2012 bis 2014 hatte es einen jährlichen Umsatz von durchschnittlich 30 Millionen Euro. Damit gehört das Unternehmen nach Definition des Instituts für Mittelstandsforschung (IfM) in die Kategorie der KMUs.

Die Produktpalette umfasste elektrotechnische Geräte für Laboratorien, die in chemischen und pharmazeutischen Betrieben zur Herstellung oder Untersuchung von Substanzen verwendet werden. Insgesamt wurden etwa 25.000 Geräte jährlich produziert. Die Produktpalette unterteilte sich in sechs Produktfamilien in unterschiedlichster Ausprägung, u. a. Magnetrührer, Überkopfrührgeräte, Peristaltik-Pumpen und Verdampfer, in durchschnittlich sechs verschiedenen Varianten pro Produktfamilie.

Die Wettbewerbsanalyse brachte recht deutlich hervor, dass das Segment elektrischer Kleingeräte ein stark umkämpfter Markt ist, in dem – neben dem Preis – hauptsächlich zwei Faktoren über Erfolg oder Misserfolg entscheiden: eine lange Lebensdauer und eine hohe Präzision der Geräte.

Produkt- und Variantenanalyse

Erstaunt war ich, als ich einen handelsüblichen Stecker kaufte, um das Stromkabel zu montieren. Dieser einfache Stecker hatte sechs Schrauben. Umso mehr erstaunt war ich darüber, dass für diesen Stecker drei Schraubentypen zum Einsatz kamen. Zum Zusammenbau des Gehäuses ein Typ, und zwei Schrauben für die Zugentlastung vom zweiten Typ. Für die Befestigung der einzelnen Adern des Kabels wurde ein dritter Typ verwendet. Neugierig habe ich die drei großen Schrauben, Gehäuseschraube und Zugentlastungsschrauben, nebeneinandergelegt, um den Unterschied zu finden. Gewinde und Länge waren identisch, nur der Schraubenkopf für das Gehäuse war etwas kleiner. An dieser Stelle habe ich mich gefragt: Muss das sein? Nachdem ich den Stecker eingehend untersucht habe, bin ich zu dem Schluss gekommen: Nein, das muss nicht sein. Es könnten an dieser Stelle exakt drei gleiche Schrauben verwendet werden, zwei für die Zugentlastung und eine für das Gehäuse. Nun, das mag ein banales Beispiel sein, zeigt jedoch auf, dass bereits bei sehr einfachen Produkten Potenzial zu Verbesserung vorhanden ist.

Und jetzt schauen wir uns die elektrotechnischen Geräte des Unternehmens, für das ich tätig war, einmal genauer an. Es hat sich als hilfreich herausgestellt, eine komplette Übersicht aller Produkte und ihrer Varianten in einer Cross-Reference-Tabelle[21], zu Deutsch Querverweistabelle, zu erfassen. So kann ermittelt werden, inwieweit

---

21 https://en.wikipedia.org/wiki/Cross-reference

Produkte identische Anforderungen haben, welche Bauteile möglicherweise absolut identisch sind, welche identisch sein könnten und welche, obwohl diese identisch sein könnten, zusätzliche Lagerplätze beanspruchen etc. Das Hauptaugenmerk liegt dabei auf der Variantenanalyse, die auf die Identifikation der Variantentreiber sowie der Bauteile- und Komponentenvielfalt abzielt. Diese differenzierte Erfassung bildet am Ende die Grundlage für ein SOLL-Konzept, welches definiert, wie die einzelnen Bauteile und Komponenten zu nutzen sind, um das Produktportfolio durch möglichst geringe interne Varianz abzubilden.

Nehmen wir das Kernproblem: „Verkaufsfähige Produkte lagen im Lager, aber in der falschen Länderausführung". Die Frage lautete, warum. Es stellte sich heraus, dass Geräte unterschiedlicher Spannungsvarianten auf Lager lagen, von 100 bis 260 Volt Wechselspannung. Zusätzlich waren die Geräte in den Spannungsvarianten mit festen Anschlusskabeln für ein bestimmtes Land ausgestattet und wurden zu unverkäuflichen, weil gerade nicht nachgefragten Ladenhütern. Zur Info: Es gibt weltweit 15 Netzspannungsvarianten und zwei gängige Netzfrequenzen.

Zugegeben, das Problem lässt sich nicht innerhalb eines Tages lösen, denn sechs Produktfamilien mit durchschnittlich sechs Varianten brauchen einen Zeitplan und vor allem das „WIE" für eine Umstellung.

Das Thema Netzspannungsvarianten ist einer der Auslöser für viele Produktvarianten, auch innerhalb einer Produktfamilie.

Daher müsste das Ziel heißen, eine Netzspannungsvariante, eine Anschlusskabelvariante. Wie man diese Ziele erreichen kann, beschreibe ich zu einem späteren Zeitpunkt in diesem Buch. Denn um das Problem zu lösen, müssen umfangreiche Änderungen angedacht, im Gerätedesign angepasst und umgesetzt werden. Bis eine Umstellung produktionsreif ist, können einige Monate vergehen.

Ob sich eine Umstellung auf nur eine Netzspannungsvariante rechnet, muss im Unternehmen über die gesamte Produktpalette betrachtet werden. Bei einer Einzelbetrachtung können unter Umständen der Entwicklungsaufwand, ein gegebenenfalls höherer Materialeinkaufswert und die geänderten Produktionskosten den anvisierten Verkaufspreis überschreiten. Daher ist in diesen Bereichen eine Gesamtkostenbetrachtung der Produktfamilie besonders wichtig.

Sie haben soeben den einfachsten Bereich der Standardisierung und Reduktion der Variantenvielfalt kennengelernt, Stromversorgung und Anschlussstecker. Jedoch stellte sich für mich die Frage, war das schon alles?

Gehen wir einen Schritt weiter. Viele Geräte haben eine Mensch-Maschine-Schnittstelle, auch Bediendisplay, Bedienpanel oder Bedieneinheit genannt. Interessant dabei ist, dass deren Einbaugrößen und die mechanischen Ausführungen sogar innerhalb von Produktvarianten einer Familie unterschiedlich sein können bzw. in meinem Beispiel waren. Hier lag also weiteres beträchtliches Potenzial für „Manufacturing Smart".

Stellen Sie sich des Weiteren vor, dass Sie für alle Ihre Produkte unterschiedliche elektronische Steuerungen haben. Das hat folgende Nachteile:

➤ Pflege von Varianten, Teilenummern, Stücklisten etc.
➤ Mehraufwand bei Testgeräten, um elektronische Schaltungen zu prüfen, sei es im Haus oder beim Lieferanten
➤ Erhöhter Entwicklungsaufwand

So ist auch hier der Gedanke naheliegend, dass man sich im Gesamtkonzept überlegt, wie man bei der Produkterneuerung alle elektronischen Systeme auf einen einzigen Standard heben kann.

All diese angesprochenen Themen betrachtet „Manufacturing Smart". Wie man das Prinzip in die Praxis umsetzt, erfahren Sie im

Abschnitt „Implementierung von Manufacturing Smart". *An dieser Stelle muss man allerdings betont werden: Die Grundvoraussetzung für die erfolgreiche Umsetzung von „Manufacturing Smart" in die Praxis ist – wie so oft – ein starkes Management, das die Methoden und Ideen mitträgt. Auf dem Weg zur Gesamteinführung gibt es im Unternehmen mit Sicherheit jede Menge von Bedenkenträgern und Mitmenschen, welche diese grundhaften Neuerungen zunächst nicht mittragen werden.*

Wertschöpfungs- und Lieferkette (Supply Chain)

Welche Auswirkungen hat die Variantenvielfalt auf die Wertschöpfungs- und Lieferkette (Supply Chain) des Herstellers? Greifen wir uns dafür wieder ein Produkt mit drei Varianten heraus und schauen uns die Komplexitätsfolgen dieser Vielfalt in den einzelnen Unternehmensbereichen einmal genauer an:

Nehmen wir dafür an, Ihr Unternehmen produziert in einer Produktfamilie die Heizkocher Typ „A", „B" und „C", welche über eine Präzisions-Heizungssteuerung verfügen und die im Dauerbetrieb über Wochen oder sogar Monate eine konstante, vom Anwender eingestellte Temperatur oder auch Temperaturzyklen garantieren. Die Abweichung darf über den gesamten einstellbaren Temperaturbereich maximal 1 Prozent betragen. Die Standfläche des Gerätes entspricht maximal einem DIN-A4-Blatt.

Insgesamt bestehen unsere Heizkocher „A", „B" und „C" aus je 35 einzelnen Bauteilen, die nur zum Teil identisch sind und sowohl als Fertigteil als auch als Rohteile angeliefert werden. Betrachtet man die Produktfamilie, so sind über 70 Teile für diese drei Varianten notwendig. Die Anzahl der verschiedenen Schrauben für die Montage ist dabei nicht berücksichtigt. Wesentliche Bestandteile sind die im Aluminiumdruckguss hergestellten Gehäuseober- und -unterteile, der Stromanschluss, die für jedes Gerät notwendige Steuerelektronik, die Heizplatte und die unterschiedliche Bedieneinheit. Von diesem Heizkocher Typ „A", „B" und „C" produziert und verkauft Ihre Firma ca. 12.000 Geräte pro Jahr, das entspricht einer Herstellmenge von gerade einmal 48 Geräten pro Tag. Das ist selbst für ein KMU mit Kleinserienproduktion nicht viel.

Wie auch bei anderen Kleinserien-produzierenden Fertigungsunternehmen stellt sich die typische Supply Chain wie folgt dar:

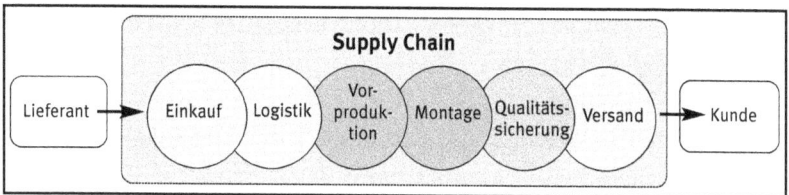

Abb. 6: Die Lieferkette (Quelle: Wikipedia)[22]

Die Lieferanten

Was meinen Sie: Hat ein Lieferant Freude an unserem 12.000-Stück-Aludruckguss-Auftrag? Sicher nicht. Das merken Sie bereits daran, wie schwierig es ist, einen zuverlässigen Lieferanten für derart geringe Mengen zu finden. Hat man dennoch das Glück, einen guten Lieferanten beispielsweise für die Gehäuseteile gefunden zu haben, muss man sich auf zwei Herangehensweisen einstellen: alle 12.000 Exemplare werden in einem „Guss" produziert oder in definierten Chargen, z. B. sechs mal 2.000 Stück. Beides hat Einfluss auf die Transport- und Lagerkosten: Wird gleich der ganze Schwung von 12.000 Stück produziert und geliefert, sind die Transportkosten geringer, die Lagerkosten jedoch höher. Bei der Chargenlieferung verhält es sich genau umgekehrt.

22 https://de.wikipedia.org/wiki/Lieferkette

Der Einkauf

Der Einkauf steht vor der Aufgabe, 70 verschiedene Bauteile mit einer maximalen Stückzahl von vielleicht 4000 bis maximal 12.000 zu beschaffen. Hierfür ist ein engmaschiges Bestandsmonitoring nötig, um immer alle Teile verfügbar zu halten. Wenn es hart auf hart kommt, sind für die 70 Teile des Heizkochers Typ „A", „B" und „C" 70 getrennte Lieferantenverträge zu pflegen und die Verfügbarkeit bzw. die Liefertermine für jedes einzelne Bauteil im Blick zu behalten. Ich offenbare kein Geheimnis, wenn ich Ihnen sage, dass es nicht nur schwierig ist, Lieferanten für solche geringen Abnahmemengen zu finden, sondern dass natürlich auch die Verhandlung der Preise und Lieferkonditionen ausgesprochen problematisch sind – eine schwierige Situation für den Einkauf, denn die Erfolgsaussichten auf gute Preise bei der Preisverhandlung sind schlecht. Ich möchte sogar behaupten, dass der hier betriebene Aufwand in keiner Relation zum Nutzen steht.

Doch zurück zu unserem Produkt, dem Heizkocher Typ „A", „B" und „C". Dieser wartet mit einer baulichen Besonderheit auf: pro Type eine elektrische Leiterplatte. „Was ist daran so Besonderes", werden Sie fragen. Nun, damit die Leiterplatten fehlerfrei angeliefert werden können, müssen sie beim Lieferanten geprüft werden. Und jetzt kommt es: Ein Prüfgerät für Leiterplatten kostet in der Anschaffung durchschnittlich 15.000 Euro aufwärts, ohne Software. Diese Kosten verteuern jede Leiterplatte entsprechend. Jede Variante erzeugt Folgekosten. Natürlich ließe sich einwenden, dass sich das Testgerät nach zehn Jahren amortisiert hat. Doch hält es überhaupt so lange und wie sieht es mit Anpassungen aus?

Besonders gravierend fallen diese Kosten ins Gewicht, wenn der Einkauf einen Zweitlieferanten, also eine Second Source, nutzen möchte. Dieser ist unerlässlich, sollte der ursprüngliche Hersteller nicht mehr lieferfähig sein, damit unsere Produkte weiterhin gebaut werden können. In unserem Fall allerdings muss der Einkauf dafür gleich zweimal tief in die Tasche greifen, denn für zwei Lieferanten halbiert sich unter Umständen auch das Auftragsvolumen, was den Einkaufspreis nicht unbedingt verbessert.

Die Logistik

Für die Logistik sind 70 Bauteile für den Heizkocher Typ „A", „B" und „C" nur Durchlaufposten – oder etwa doch nicht? Das hängt von der Anlieferung ab: alles auf einmal für die gesamte Jahresproduktion oder für jede Variante zu einem anderen Zeitpunkt oder wie beim Gehäuse in sechs × 2000 Stück? Zwei Faktoren kommen hier zum Tragen: Arbeitsaufwand und Lagerbedarf. Gehen wir von vielen einzelnen Lieferungen aus, ist die Warenannahme extrem arbeitsintensiv. Das betrifft nicht nur die vielen Buchungen in den Enterprise Ressource Planning Systemen (ERP)[23], was eine bereichsübergreifende Softwarelösung ist, sondern auch die Einlagerung der Ware. Doch wie auch immer die Lieferung erfolgt, das Ergebnis bleibt das gleiche: Je geringer der Arbeitsaufwand, desto höher die benötigte Lagerkapazität und umgekehrt. Um die Kosten für die Lagerung zu berechnen, sollte man die jährlichen Lagerplatzkosten kennen. Diese können sich durchaus im Bereich von 2000 Euro pro Europalette bewegen.

Nicht uninteressant ist im Hinblick auf die Kosten- und Potenzialermittlung auch das Lagersystem. Die Frage lautet: Erfolgt die Lagerung chaotisch (mit IT-Unterstützung) oder – wie für die Bauteile üblich – in organisatorischen Einheiten. Denn oft wird übersehen, dass das Konfektionieren und Bereitstellen der für die Kleinserien benötigten Teile aus einem chaotisch geführten Lager heraus verhältnismäßig lange dauert.

23 http://wirtschaftslexikon.gabler.de/Definition/erp.html

Als Hinweis: Chaotische Lagerhaltung eignet sich gut für Fertigprodukte, bringt jedoch im Bereich der Fertigungsunterstützung erhebliche Probleme mit sich. Diese sind: Zusammensuchen der Bauteile für die Fertigung, keine Vorkonfektionierung ohne Umbuchen möglich, Fehlteile erkennt man meistens erst dann, wenn ein Fertigungsauftrag nicht vollständig beliefert werden kann usw. Wenn eine chaotische Lagerhaltung darüber hinaus dazu führt, dass bestimmte Bauteile nicht pünktlich in die Produktion gelangen, wäre zu überlegen, ob ein Wechsel der Lagerhaltungsmethode angezeigt scheint.

Vorfertigung

Die Vorfertigung ist ein Bestandteil des Fertigungsprozesses. Beim Heizkocher betrifft die Vorfertigung die Gehäuse, die vorbehandelt, also beispielsweise gefräst, lackiert oder pulverbeschichtet werden müssen. Die so vorgefertigten Teile müssen zeitnah für die Montage zur Verfügung stehen. Die Beistellung der Teile für die Vorfertigung erfolgt entweder laut Auftrag aus dem allgemeinen Lager oder aus dem Eigenlager der Vorfertigung.

Wesentlicher Kostenfaktor an dieser Stelle sind die Rüstzeiten der Maschinen für die Bearbeitung der Teile. Sie dürfen bei der Berechnung der Herstellkosten eines Produktes keinesfalls vernachlässigt werden. Jedes Umrüsten kostet Zeit und Geld.

Montage

Sie erinnern sich: Es gibt 70 Bauteile für drei Varianten. In der Montage werden die 35 Bauteile für den Heizkocher Typ „A" zusammengebaut, geprüft, verpackt und auf den Weg gebracht. Hoffentlich ins Verkaufslager. Diese Phase innerhalb der Supply Chain ist nur solange effizient, wie keine Teile am Montagearbeitsplatz fehlen. Ob One-Piece-Flow oder Batch-Verarbeitung – wenn auch nur ein Bauteil fehlt, wird der Arbeitsfluss empfindlich gestört – bis hin zum Montagestillstand. Gründe für Fehlteile gibt es vor allem in kleineren Unternehmen viele: Da ist zum Beispiel das chaotische Lagersystem, welches die Materiallogistik erschwert. Möglichweise liegt das gesuchte Bauteil nur einen Palettenplatz weiter. Weil der Lagermitarbeiter aber nicht jedes Teil kennen kann, wird es als Fehlteil markiert. Vielleicht landete die Materialbeistellung aber auch an einem anderen Arbeitsplatz für die Vorfertigung oder Montage ähnlicher Produkte. Und manchmal fehlt das Teil wirklich. Fehlteile sind ein ausgesprochenes Ärgernis und verhindern, dass Produkte in der vorgegebenen Zeit produziert werden können. Und nicht zuletzt erhöhen sie natürlich die Herstellkosten.

Die Montage lebt also von der Beistellung der benötigten Teile am Arbeitsplatz zum richtigen Zeitpunkt. Abgesehen von den Fehlteilen verlängert sich natürlich auch der zeitliche Aufwand, wenn mehr Einzelteile montiert werden müssen. Ob ein Erzeuger nach den Prinzipien von One-Piece-Flow (mitarbeiter ebundener Arbeitsfluss) oder Batch-Verarbeitung arbeitet, ist vor allem von der Komplexität der Produkte und den Stückzahlen abhängig. Linien mit One-Piece-Flow benötigen ein gemeinsames Arbeitszeitmodell und Springer für die Linie, falls eine Person in der Linie ausfällt.

Qualitätssicherung

Die Sicherung der mechanischen und elektrischen Fertigungsqualität erfolgt in der Regel stichprobenartig an den Arbeitsplätzen. Jedes elektrische Gerät sollte einen umfassenden automatisierten Funktionstest per Prüfmaschine unterzogen werden. Beim Einlagern der Produkte erfolgt noch eine Sichtkontrolle auf offensichtliche Schäden, wie Lackkratzer, Unregelmäßigkeiten in der Beschichtung, fehlerhaft geklebte Prüfzeichen, welche die Qualität mindern und Kundenreklamationen hervorrufen. Auch dieser Prozess, der sich bei Kleinserien nur bedingt automatisieren lässt, kostet Geld. Mit Ausnahme von Montage- oder Leiterplattenfehlern sollten die Endgerätetests beim Heizkocher immer erfolgreich sein.

Verkauf/Versand
Die fertigen Heizkocher gehen nach der Qualitätssicherung direkt in den Versand oder werden im Verkaufslager eingelagert. Wenn man ein Verkaufslager betreibt, sollten die „schnelldrehenden" Produkte ohne Staplerunterstützung per Hand ein- und ausgelagert werden können. Schnelldrehende Produkte sind jene mit hoher Abverkaufs-geschwindigkeit, die nur kurz im Lager verweilen, und somit im schnelleren Zugriff für die Auslieferungsmitarbeiter sein sollten. Dazu benötigt ein KMU im Normalfall keine IT-Unterstützung.

Dieser Vorgang hat mit Bauteilevielfalt genau genommen nichts zu tun. Problematisch wird es nur, wenn bereits in den früheren Phasen Verzögerungen durch Fehlteile, welche ggf. sechs und mehr Wochen Lieferzeit haben, aufgetreten sind, denn dann sind alle zugesagten Liefertermine hinfällig.

Wenn wir die Nachteile zusammenfassen, die wir beispielhaft am Heizkocher Typ „A", „B" und „C" veranschaulicht haben, ergibt sich folgendes Bild für die Supply Chain kleinserienfertigender KMUs:

Als KMU …
➤ … sind Sie unter Umständen nur für wenige Lieferanten von Interesse.
➤ … hat der Einkauf eine schwache Preisverhandlungsposition.
➤ … kann die Logistik sehr aufwändig sein, je nach Produkt.
➤ … können wegen geringer Stückzahlen die Rüst- und Umrüst-zeiten in der Vorfertigung relativ hoch sein und die Produktionskosten erheblich beeinflussen.

Komplexitätskosten

Für die End-to-End-Betrachtung der Komplexitätskosten nach dem Life Cycle Costing (LCC)-Ansatz konzentrieren wir uns zunächst auf nur ein Bauteil unseres elektrotechnischen Gerätes: die Leiterplatte, die in drei Varianten unseres Produktes in jeweils verschiedener Ausführung verbaut wird.

Die Leiterplatten werden extern gefertigt und in den meisten Fällen bereits mit der Funktionssoftware bespielt und angeliefert. Es könnte sein, dass die Leiterplatten baulich identisch, aber softwaretechnisch unterschiedlich sind. Es besteht auch die Möglichkeit, dass die benötigten Leiterplatten hardwaretechnisch unterschiedlich sind, obwohl diese gleich aussehen.

Es könnte zusätzlich ein Unterschied in der Softwareausführung sein. Das bedeutet: Es ist egal, ob identische Leiterplatten mit unterschiedlicher Software bespielt sind; jede der Leiterplatten benötigt in diesem Fall eine eigene Teile- oder Produktidentifikationsnummer.

Wie bereits an früherer Stelle kurz angerissen, müssen die Leiterplatten vom Lieferanten auf Fehlerfreiheit geprüft werden. Dazu bedarf es entsprechender Testgeräte – unter Umständen pro Leiterplatte ein Testgerät. Testgeräte sind teuer und müssen auf die Herstellkosten der Leiterplatten umgelegt werden. Dabei gilt: Je mehr Leiterplatten im einem Produktlebenszyklus gebaut und getestet werden, desto günstiger ist die getätigte Investition in das Testgerät. Interessant ist, dass diese Kosten für Testgeräte nur in wenigen Unternehmen in die Herstellungskostenbetrachtung einfließt.

Ist eine Leiterplatte getestet und mit der entsprechenden Software beim Leiterplattenhersteller bespielt, wird sie in einem speziellen, dafür vorgesehenen Behälter verstaut, denn die Leiterplatten mögen zwar gleich aussehen, sind aber softwaretechnisch mit anderen Funktionen ausgestattet. Deshalb müssen diese auch in getrennten Behältern geliefert werden.

Was bedeutet das in der Praxis? Folgen wir dafür einfach der Lieferkette. Um die Leiterplatten bestellen zu können, benötigt jede Leiterplatte eine Materialnummer bzw. Produktidentifikationsnummer. Auch wenn sich die Leiterplatten nur hinsichtlich der Software unterscheiden, wird eine eigene Materialnummer benötigt, um diese zu unterscheiden. Deshalb müssen für eine Produktfamilie optisch identische Leiterplatten, die mit einer anderen Softwareversion bespielt sind, getrennt eingelagert werden. Zusätzlich bedeuten unterschiedliche Teilenummern für eine Gerätefamilie in der Produktionsplanung einen höheren Aufwand.

Der Einkauf muss anhand der Vorplanung (Forecast) pro Variante beim Lieferanten die benötigte Grundmengen für einen Jahresbedarf bestellen, wobei die tatsächlich benötigten Teile für einen Anbieter von Katalogware nicht wirklich vorhersehbar sind. Und trotzdem soll der Einkauf möglichst realistische Mengen für jede einzelne Variante bestellen.

Die angelieferten Leiterplatten werden von der Logistik angenommen und gebucht. Die Qualitätssicherung überprüft die Leiterplatten und gibt sie frei – oder auch nicht. Im Beanstandungsfall geht die Ware zurück an den Lieferanten. Jedoch ist eine Qualitätssicherung nur im Umfang von sichtbaren Beschädigungen möglich. Alternativ könnte ein speziell entwickeltes Testgerät zur funktionalen Absicherung eingesetzt werden. Das würde jedoch je nach Anzahl einen zusätzlichen Aufwand bedeuten.

Die von der Qualitätssicherung freigegebenen Leiterplatten lagert die Logistik ein; sie benötigt dafür in diesem Beispiel drei verschiedene Lagerplätze.

Wird ein Fertigungsauftrag an die Montage gestellt, muss im Vorfeld die Logistik die für die Fertigung des Gerätes richtige Leiterplatte, mit der richtigen Software, zum vorgegebenen Zeitpunkt am Montageplatz bereitstellen. Da gegebenenfalls drei Geräte einer Produktfamilie parallel gebaut werden, kann es an dieser Stelle leicht zu Verwechslungen der Leiterplatten kommen. Wird im Batch produziert, wird in den meisten Fällen der Fertigungsauftrag in Losgrößen ausgeführt. Ist das Los also 15 Einheiten pro Gerätevariante groß, für den Kundenauftrag werden jedoch weniger Geräte benötigt, erfolgt eine Überproduktion pro Gerätevariante. Dies hat zur Folge, dass die nicht verkauften Gerätevarianten im Verkaufslager auf entsprechende Lagerplätze eingelagert werden müssen. Hier stellt sich auch noch die Frage, in welcher Netzspannungsvariante der Auftrag gebaut wurde. Bei Varianten, welche eingelagert werden, besteht immer das Risiko, dass diese nicht abverkauft werden, womit Lagerplatz und zusätzliches Kapital gebunden werden und das Produkt zum Ladenhüter werden kann.

Dazu eine Tabelle als Übersicht, die den Mehraufwand für Variantenvielfalt darstellt:

Thema	Varianten	Folgen
Entwicklung	3	Erhöhter Entwicklungsaufwand
Prüfung	3	Mehr Testaufwand, höhere Herstellkosten
Einkauf	3	Mehraufwand für Rahmenverträge und Bestellungen
Einkauf Nachbestellung	3	Wiederholter Aufwand
Logistik Wareneingang	3	Ware annehmen und buchen
Qualitätssicherung	3	Ware begutachten, freigeben oder reklamieren
Logistik Einlagerung	3	Ware einlagern auf drei Lagerplätze
Produktion	3	Drei Modelle produzieren
Lager	3	Drei Lagerplätze bereithalten

Abb. 7: Tabelle Mehraufwand bei Variantenvielfalt

An dieser Stelle bietet es sich an, darüber nachzudenken, die so entstehenden Kosten auf die tatsächliche Produktionsmenge umzurechnen, d. h. auf 12.000 Heizkocher Typ „A", „B", „C" in insgesamt drei Varianten. Hier ein Beispiel:

Produkt Heizkocher	Varianten	Kosten je Variante
Entwicklungskosten	3	Kosten pro Gerätevariante ca. 80.000 Euro
Prüfung	3	Kosten für Testgeräte ca. 15.000 Euro pro Variante
Einkauf	3	Aufwandskosten ca. 1.000 Euro pro Variante
Einkauf Nachbestellung	3	Arbeitszeit ca. 100 Euro pro Variante
Logistik Wareneingang	3	Arbeitszeit ca. 100 Euro pro Variante
Qualitätssicherung	3	Arbeitszeit ca. 100 Euro pro Variante
Lagerplatz (Palette)		je Lagerplatz ca. 2000 Euro pro Variante
Logistik Einlagerung	3	Arbeitszeit ca. 100 Euro pro Variante
Produktion	3	neutral, wenn keine Probleme durch Fehlteile vorliegen
Lagerplatz Auslieferung		je Lagerplatz ca. 2000 Euro pro Variante
Erhöhte Flurförderzeuge	3	Zusätzliche Energiekosten ca. 1000 Euro pro Variante Lagerplätze bereithalten

Abb. 8: Mehraufwand pro Leiterplatte – Gruppe

Diese simple Aufstellung zeigt Ihnen, was in den meisten Kostenbetrachtungen oft nicht berücksichtigt wird: die Zusatzaufwände für die einzelnen Varianten, die nicht unerheblich zu Erfolg oder Misserfolg eines Unternehmens beitragen. Leider fließen Kosten für Lagerplätze, Energieeinsatz, Materialbewegungskosten, Bestellaufwand etc. nur selten in die Gesamtkalkulation neben Herstellkosten zur Kostenberechnung für Geräte ein. Diese Kosten sind für Kleinserienfertiger wichtig und interessant, um Verbesserungspotenziale zu erkennen. Ich denke, auch für Produktionen in Größenordnungen von mehr als 100.000 Geräten je Variante sind diese Kosten von Interesse.

Schauen wir uns zur Verdeutlichung der Komplexitätskosten die ALU-Druckguss-Gehäuse des Heizkochers Typ „A" an, die – vormals identisch – für alle drei Produktvarianten auf einer CNC-Maschine gesondert bearbeitet werden müssen. Das ist deswegen nötig, weil jede Produktvariante mit einer in Baugröße und Form unterschiedlichen Bedieneinheit ausgestattet ist, von denen mindestens zwei nicht in das Gehäuse passen, wenn nicht nachgefräst wird. Im Nachgang wird das Gehäuse pulverbeschichtet. Logistisch bedeutet das, dass die Fertigungsaufträge für die Varianten frühzeitig ausgelöst werden müssen. Die CNC-Maschine, die zunächst freie Kapazitäten haben muss, ist für den Arbeitsgang auf- oder umzurüsten. Die richtige Anzahl an Rohlingen ist beizustellen. Ändert sich dabei der kundenbelegte Auftragseingang, sodass mehr Gehäuse benötigt werden, muss die Produktionsplanung angepasst oder ggf. zwischen Arbeitsgängen ein Nachtrag bearbeitet werden. Das kann bedeuten, dass die CNC-Maschine – je nach Variante – erneut umgerüstet werden muss, was wiederum Zeit und Geld kostet.

Spätestens an dieser Stelle werden Sie nicht mehr daran zweifeln, dass eine variantenreiche Produktion hohe Komplexitätskosten verursacht, die auf allen Stufen der Supply Chain ins Gewicht fallen.

Welches Potenzial daher in einer Variantenoptimierung liegt, soll Ihnen die nachfolgende Gegenüberstellung der Kosten für die Leiterplatten für drei Varianten (alt) versus einer Variante veranschaulichen. Die Kosten basieren auf Erfahrungswerten.

Anhand eines vereinfachten Beispiels werden hier die Kosten für Leiterplatten dargestellt. Verglichen werden drei hardwaretechnisch identische Leiterplatten, die sich nur durch die Software, welche bereits beim Lieferanten aufgespielt wurde, im Gegensatz zu einer Einheitsleiterplatte, die erst in der Produktion mit der passenden Software bespielt wird.

Daraus ergeben sich folgende Unterschiede in den Kosten.

Entwicklungskosten

Wenn Sie pro Gerät eine Hardware- und Softwarevariante entwickeln, kostet das im Schnitt pro Gerät 80.000 Euro, in Summe 240.000 Euro. Wenn Sie jedoch mehr ingenieurtechnischen Aufwand in eine Einheitsleiterplatte stecken, kostet es gegenüber einer Einzelentwicklung ca. 50% mehr, nämlich 120.000 Euro.

Testgerätekosten

Für drei Platinen unterschiedlicher Art und mit unterschiedlicher Funktionssoftware benötigen Sie im Normalfall pro Platine ein Testgerät, das ca. 15.000 Euro kostet. Da stehen also 45.000 Euro einem Testgerät gegenüber 15.000 Euro bei Verwendung einer Einheitsleiterplatte.

Kosten pro Leiterplatte

Dies ist ein interessanter Punkt. Denn bei 12.000 Leiterplatten teilt sich die Menge auf – sagen wir – drei gleiche Teile auf. Das beeinflusst die Einkaufskonditionen. Bestellt man 12.000 identische Leiterplatten kann man bessere Einkaufskonditionen erzielen. Bis zu 30% und mehr können pro Leiterplatte eingespart werden.

Egal welchen Punkt Sie in der Lieferkette aufgreifen – bereits am Beispiel von drei unterschiedliche Leiterplatten können Sie sehen, dass in jedem Punkt der Supply Chain Mehrkosten gegenüber einer Einheitsleiterplatte entstehen.

Sie könnten jetzt sagen, diese kurze Aufstellung sei eine Milchmädchenrechnung. Ich antowrte Ihnen: Probieren Sie es mit Ihren eigenen Zahlen aus! Was dieses Beispiel verdeutlichen soll, ist, dass viele Potenziale in Unternehmen brach liegen. Wenn Sie zu den Unternehmen gehören, in denen diese Beträge im Bereich von „Peanuts" liegen (um mit den Worten der Deutschen Bank zu sprechen), darf ich Ihnen gratulieren. Natürlich zeigt die Tabelle nur einen Kalkulationsansatz auf, bei dem die Preise nicht validiert wurden. Die rechnerische Vereinfachung der End-to-End-Betrachtung hilft dabei, sich einen Überblick zu verschaffen. Wenn Sie es genauer wissen müssen, können Sie die Berechnung selbstverständlich durch entsprechende Kalkulationsmodelle verfeinern.

Exkurs Lagerhaltung

Neben der Variantenoptimierung gibt es einen weiteren Bereich, dessen Optimierung großes Potenzial für Kosteneinsparungen verspricht, weswegen er auch in diesem Buch seinen berechtigten Platz finden soll. Ich möchte Sie daher an dieser Stelle auf einen Exkurs in die Logistikprozesse und die Lagerwirtschaft mitnehmen und Ihnen zeigen, wie Sie Ihre Lagerbestände für die Produktion optimieren und gleichzeitig die Kapitalbindung im Lager verringern können.

Es gibt in der Regel, neben der Bevorratung von Teilen innerhalb der Produktion, Lager an den Unternehmensschnittstellen Beschaffung und Distribution. Das Beschaffungslager stellt innerhalb eines Produktionsunternehmens eine ausreichende Lagerkapazität zur Aufnahme von in der Fertigung einzusetzenden Gütern bereit, weshalb es in der Regel räumlich dem Produktionsstandort zugeordnet ist. Um reibungslos produzieren zu können, muss ein Beschaffungslager die bevorrateten Teile ständig sowohl in Menge als auch in Qualität bereithalten. Das Distributionslager hingegen stellt sicher, dass die produzierten Waren zügig an die Kunden ausgeliefert werden können.

Entscheidendes Kriterium für die Lageroptimierung ist die Art der Lagerhaltung. Die am häufigsten angewandten Lagerarten sind die statische und die chaotische Lagerung. Bei der chaotischen, auch dynamische Lagerhaltung genannt, werden Waren dort eingelagert, wo gerade ein Platz im Regal ist. Für die einzelnen Stellplätze ist demnach keine fest vorgegebene Teilezuordnung anhand einer Artikelnummer vorgesehen. So kommt es vor, dass Teile, die für die Herstellung einer einzelnen Produktvariante benötigt werden, im Lager auf unterschiedlichen Lagerplätzen breit verstreut sind.

Ziel sollte es sein, die Lagerplätze so zu verteilen, dass die Waren schnell eingelagert und entnommen werden können, um so die Nutzung der Lagerfläche und der Wege zu optimieren. Für eine chaotische Lagerhaltung muss das Lager bestens organisiert sein – ohne eine entsprechende Softwarelösung ist diese Art der Lagerhaltung nicht zu bewerkstelligen.

Die statische, systematische oder auch Festplatzlagerung genannte Art der Lagerung sieht dagegen für jedes Teil eine eigene Lagernummer vor, die im Lagerplan verzeichnet ist. So ist jeder Lagerplatz eindeutig zu bestimmen, was die Kontrolle einfach macht.

Folgt man der einschlägigen Fachliteratur, ist die chaotische Lagerung für Unternehmen mit großen, kaum überschaubaren Lagern für Fertigprodukte und automatisierten Prozessen geeignet, die von einem Warenwirtschaftssystem unterstützt werden. Für Unternehmen mit einem kleinen überschaubaren Lager ist eine statische Lagerung in Organisationseinheiten in der Regel die bessere Lösung. Doch stimmt das wirklich?

Für die Lagerlogistik von Fertigprodukten in großen Mengen, wie sie z. B. der Online-Händler Amazon praktiziert, ist die chaotische Lagerhaltung zweifelsohne die beste. Doch auch viele KMUs gebärden sich heute als Big Player und führen ihr Lager auf chaotische Art. Dabei wäre ein etwas anderer Blick hier angebracht.

Natürlich funktioniert das Materiallager einer Kleinfirma mit 10 Angestellten auch ohne IT. Und trotzdem sind einige Lager von

Unternehmen, die Geräte in Kleinserien fertigen, in chaotischer Lagerhaltung und damit IT-gestützt geführt, ohne dass die Notwendigkeit dafür hinterfragt werden würde. Das allerdings wäre angebracht, denn vor allem bei Unternehmen, die für ihre Produktion viele Kleinteile und vor allem kleine Mengen bevorraten müssen, kann die chaotische Lagerhaltung zu erheblichen Problemen führen.

Auch wenn die chaotische Lagerhalterung eine flexiblere Nutzung des zur Verfügung stehenden Lagerraumes gestattet, führt sie dazu, dass das Lager aufgrund der vielen Warenpositionen unter Umständen nicht mit den vorhandenen Europalettenplätzen auskommt. Kleine Mengen an Bauteilen speziell in einem Hochregallager belegen große Lagerflächen, was zu einer schlechten Lagerplatzauslastung führt. Das Verfahren, unterschiedliches Material auf einem Europalettenplatz zu lagern, ist aufwändig und wird IT-technisch selten sicher beherrscht. Nicht zu sprechen von erhöhter Verwechslungsgefahr bei Entnahme und Inventur. Ein weiterer Nachteil ist, dass für eine rasche Materialbeistellung für die Fertigung sehr viele Positionen im Hochregallager mit einem Stapler angefahren werden müssen. Die vielen Lagerbewegungen erhöhen den Komplexitätsgrad der Lagerorganisation immens.

Fällt die IT aus, kann keine Beistellung mehr erfolgen und es kommt zum Stillstand der Produktion. Das freilich ist nur der *worst case*. Viel öfter aber geschehen Fehler in der Buchung oder der Einlagerung. Sei es, dass der Lagerort falsch im System hinterlegt ist, sei es, dass Lagermitarbeiter Bauteile versehentlich eine Regalebene höher einlagern. Dann werden Teile entweder nicht gefunden oder fehlende Teile gar nicht erst nachbestellt. Diese Fehlerkette setzt sich schließlich in der Produktion fort, wo Fehlteile dann zu Produktions- und schließlich zu Lieferverzögerungen führen.

In Produktionsbetrieben ist eine der Schwachstellen die Kommissionierung und Beistellung der Materialien an die Produktion bzw.

an die Montage. An dieser Stelle treten die meisten Probleme auf, denn eine Beistellung an die Montage macht unter Umständen nur dann Sinn, wenn alle im Auftrag spezifizierten Teile vorhanden sind.

Wie läuft in Betrieben die Beistellung/Kommissionierung der Teile für die Montage ab?

Die Logistik erhält für einen Fertigungsauftrag einen Auslagerungsauftrag, den sie an einen Staplerfahrer übergibt. Dieser sucht anhand der im ERP-System hinterlegten Regalpositionen alle Teile zusammen und bringt diese in den Kommissionierbereich. Weil ein Auswiegen wegen der Kleinmengen nur bedingt möglich ist, werden die gewünschten Mengen aus den Behältern in die Beistellgebinde gezählt. Bis ein Fertigungsauftrag für ein Kleingerät mit 35 Teilen fertig kommissioniert ist, vergehen bisweilen vier Stunden – immer vorausgesetzt, es sind genügend Stapler sowie Fahrer vorhanden. Fehlteile dürfen dabei nicht auftreten.

Wie kann man dieses logistische Dilemma lösen?

Schauen wir uns dafür wieder unser bekanntes Beispiel an: In diesem Fall nur Heizkocher Typ „A". Von den insgesamt 35 Teilen, aus denen der Heizkocher Typ „A" besteht, sind 27 Bauteile im Hochregallager an den unterschiedlichsten Positionen verstreut eingelagert und nur mittels IT-Support aufzufinden.

Nehmen wir an, in unserem Lager befinden sich vier Regale mit jeweils 20 Regalzeilen mit Europalettenplätzen auf je 9 Etagen. In diesen 720 Regalpositionen sind die 27 für den Heizkocher Typ „A" benötigten Teile chaotisch eingelagert. Von Interesse ist nun, wie lange es dauert, um diese Teile für die Kommissionierung bereitzustellen.

Die Auswertung der Fahrtwege des Staplers zur Materialbereitstellung für den Heizkocher Typ „A" hat eine Beistellzeit von circa 4 Stunden ergeben. Warum ist das so? Und wie könnte man diese Zeit verkürzen, vielleicht auf 30 Minuten?

Nach eingehender Analyse der Ist-Situation könnten wir folgende Lösung favorisieren, empfehlen und umsetzen:
1. Trennung der Lagerbereiche „Materialien für die Fertigung" und „Fertigwaren für den Versand"
2. Wechsel von chaotischer Lagerung hin zu statischer Lagerung mit organisatorischen Einheiten[24], auch als feste Lagerplatzzuordnung bekannt

Letzteres heißt, dass alle für den Heizkocher Typ „A" benötigten Teile zu einer organisatorischen Einheit zusammengefasst und eingelagert werden. Wenn ich also einen Heizkocher Typ „A" bauen möchte, sind alle Teile in einem produktbezogenen Lagerbereich zu finden.

Zur Verdeutlichung sei der Unterschied zwischen der chaotischen Lagerung und der Lagerung nach Einheiten schematisch in einem praxisnahen Beispiel dargestellt.

Chaotische Lagerhaltung

Die Teile sind zur Veranschaulichung nur auf ein Regal verteilt. Beachten Sie: Dieses Hochregallager ist in typischer Europalattengröße angelegt. Die Abbildung zeigt schematisch ein Hochregallager mit chaotischer Lagerhaltung.[25]
Bezeichnend ist, dass die Lagerorte IT-gestützt zugeordnet werden. Fällt die IT aus, könnte man auch von Chaos im Betrieb sprechen. Nichts geht mehr.

24 https://de.wikipedia.org/wiki/Lagerhaltung
25 https://http://rundum-schlag.de/chaotische-lagerung-vs-statische-lagerung

Regalebene										
9	19	29	39	49	59	69	79	89	99	109
8	18	28	38	48	58	68	78	88	98	108
7	17	27	37	47	57	67	77	87	97	107
6	16	26	36	46	56	66	76	86	96	106
5	15	25	35	45	55	65	75	85	95	105
4	14	24	34	44	54	64	74	84	94	104
3	13	23	33	43	53	63	73	83	93	103
2	12	22	32	42	52	62	72	82	92	102
1	11	21	31	41	51	61	71	81	91	101
Regalreihe 1	1	2	3	4	5	6	7	8	9	10

Regalebene										
9	119	129	139	149	159	169	179	189	199	209
8	118	128	138	148	158	168	178	188	198	208
7	117	127	137	147	157	167	177	187	197	207
6	116	126	136	146	156	166	176	186	196	206
5	115	125	135	145	155	165	175	185	195	205
4	114	124	134	144	154	164	174	184	194	204
3	113	123	133	143	153	163	173	183	193	203
2	112	122	132	142	152	162	172	182	192	202
1	111	121	131	141	151	161	171	181	191	201
Regalreihe 2	11	12	13	14	15	16	17	18	19	20

Abb. 9: Chaotische Lagerhaltung
Aus Platzgründen ist die bildliche Darstellung des Regals geteilt. Der Einfachheit halber ist nur eine Regalzeile dargestellt mit 20 Palettenplätzen auf jeweils 9 Regalebenen.

Organisatorische Lagereinheiten

Charakteristisch für die Organisatorischen Lagereinheiten ist, dass alle zu einem Produkt zählenden Bauteile in einem dezidierten Lagerbereich gelagert werden. Ist die Lagerhaltung IT-gestützt, ist bei einem Ausfall der IT eine Beistellung zur Produktion gewährleistet.

Regalebene										
9	19	29	39	49	59	69	79	89	99	109
8	18	28	38	48	58	68	78	88	98	108
7	17	27	37	47	57	67	77	87	97	107
6	16	26	36	46	56	66	76	86	96	106
5	15	25	35	45	55	65	75	85	95	105
4	14	24	34	44	54	64	74	84	94	104
3	13	23	33	43	53	63	73	83	93	103
2	12	22	32	42	52	62	72	82	92	102
1	11	21	31	41	51	61	71	81	91	101
Regalreihe 1	1	2	3	4	5	6	7	8	9	10

Abb. 10: Organisatorische Lagereinheiten

Die Abbildung zeigt bespielhaft 12 Lagerplätze hellgrau hinterlegt und 6 Zusatzlagerplätze dunkelgrau hinterlegt. Wie ist das mit 27 Plätzen zu vereinbaren? Da bei organisatorischen Einheiten auf Europalettenplätzen mit entsprechenden Behältnissen mehrere Bauteile oder Gruppen abhängig von der Bauteilegröße gelagert werden können spart man an Regalplätzen. Wie man das von Unternehmen zu Unternehmen anwenden kann, bedarf natürlich einer genauen Kenntnis der Produkte und Bauteile.

Diese Art der Lagerung führt nicht nur zu einer deutlichen Verkürzung der Beistellzeiten, sondern gleichzeitig zu einer besseren Beherrschung der Fehlteileproblematik. Weil der Kommissionierer einen direkten Bezug zu den für die Produktion notwendigen Teilen hat, sieht er bereits beim Kommissionieren, welche Teile in den nächsten Tagen knapp werden könnten.

Sollten ausnahmsweise doch einmal große Mengen geliefert werden, kann man diese innerhalb des definierten Lagerbereiches (feste Lagerplatzzuordnung) in den oberen Regalen lagern.

Eine organisatorische Lagerhaltung kann ebenfalls von der IT unterstützt werden. Möchte Ihr Unternehmen wissen, welche Teile in welcher Menge im Lager auf welchem Lagerplatz eingelagert sind, können die entsprechenden Buchungen im ERP-System durchgeführt werden.

Vorkonfektionierung für die Fertigung

Auf der folgenden Seite sehen Sie in Abb. 11 ein Anwendungsbeispiel für die Vorkonfektionierung. Dies ist ein Vorschlag. Jedes Unternehmen sollte für sich die beste Lösung finden. Die Legende: Dunkelgrau steht für Produktlagerplatz und Hellgrau für den Lagerplatz im Regal für Vorkonfektionierung.

Die Vorkonfektionierung lässt sich – bei kluger Vorüberlegung – in ruhigen Zeiten bereits im Gang des Lagers vornehmen. So können auch Flauten sinnvoll genutzt werden.

Da man für die rasche Beistellung von Teilen in die Produktion möglichst immer die Regalplätze verwendet, welche ohne Stapler erreichbar sind, kann man Losgrößen für die Montage vorkonfektionieren. So ließen sich beispielsweise Lose von 30 Geräten konfektio-

Regalebene										
9	19	29	39	49	59	69	79	89	99	109
8	18	28	38	48	58	68	78	88	98	108
7	17	27	37	47	57	67	77	87	97	107
6	16	26	36	46	56	66	76	86	96	106
5	15	25	35	45	55	65	75	85	95	105
4	14	24	34	44	54	64	74	84	94	104
3	13	23	33	43	53	63	73	83	93	103
2	12	22	32	42	52	62	72	82	92	102
1	11	21	31	41	51	61	71	81	91	101
Regalreihe 1	1	2	3	4	5	6	7	8	9	10

Abb. 11: Organisatorische Lagereinheit mit Vorkonfektionieranteil

nieren, die bei Bedarf sofort beigestellt werden können. Vorteilhaft ist die Konfektionierung schon deshalb, weil bei einer Anforderung nicht alle Teile mühsam zusammengesammelt werden müssen, sondern die Losgröße schon bereitsteht. Diese Art der Lagerhaltung erlaubt es, Beistellung an die Montage innerhalb von 30 Minuten zu realisieren. Darüber hinaus lässt die Konfektionierung frühzeitig Fehlbestände erkennen, sodass zur Neige gehende Teile in aller Ruhe nachbestellt werden können. Fehler durch Verwechslung sind nahezu ausgeschlossen.

Aus buchhalterischer Sicht ist die Konfektionierung nicht von Bedeutung. Da die Ware das Lager beim Konfektionieren nicht verlässt, sondern lediglich in Behältern zusammengestellt wird, ist kein buchhalterischer Aufwand notwendig. Das ist ein sehr großer Vorteil. Mit anderen Worten: Man ist auf einen Fertigungsauftrag bestens vorbereitet.

Entscheiden Sie sich für diese Art der Lagerhaltung, können Sie auf ziemlich einfache Weise Lagerbestände reduzieren und Fehlbestände im Lager und in der Montage vermeiden – immer vorausgesetzt, Sie haben als Unternehmen die Teilevielfalt entsprechend reduziert. Auch eine Spontaninventur ist so ohne weiteres pro Produktgruppe möglich.

Die Frage, ob die hier vorgestellte Methode auch für Ihr Unternehmen die richtige ist, kann ich Ihnen natürlich an dieser Stelle nicht beantworten. Doch ich kann Ihnen ans Herz legen, die Effizienz des bestehenden Lagersystems regelmäßig zu überprüfen und dabei wichtige Kriterien wie Bearbeitungs- und Durchlaufzeit, Laufwege und Lagerumschlaggeschwindigkeit zugrunde zu legen. Die gute Nachricht: Die Einführung der Lagerhaltung nach organisatorischen Einheiten erfordert keinerlei finanzielle Investitionen. Sie benötigen lediglich den Willen, den logistischen Arbeitsablauf zu verbessern und Mitarbeiter, die für die neuen Arbeitsschritte geschult werden müssen.

Abgesehen von dem beschriebenen Problem im Bereich Logistik gibt es noch weitere Aspekte, auf die Sie bei Ihrer Lagerwirtschaft achten sollten:

➤ Warenanlieferung sollte man durch taggenaue Liefertermine entzerren.

➤ Es werden nur solche Waren im Hochregallager eingelagert, welche dort auch hingehören.

➤ Material für Vorfertigung sollte man nicht unbedingt im Hochregallager zwischenlagern, sondern sofort auf die Lagerplätze in der Vorfertigung verteilen, falls diese eingerichtet sind.

➤ Fertigprodukte und Handelsware sind im Distributionslager in definierten Lagerpositionen einzulagern. Am besten so, dass zur Auslieferung von Schnelldrehern keine Stapler für die Bereitstellung notwendig ist.

Implementierung von „Manufacturing Smart"

Die wichtigsten Ziele von „Manufacturing Smart" sind, die Variantenvielfalt beherrschbar zu machen und die damit verbundenen Komplexitätskosten so zu reduzieren, dass eine signifikante Verbesserung der Gesamtproduktionsleistung erreicht werden kann.

Kerngedanke des Konzeptes ist daher die Variantenoptimierung unter Beibehaltung des Gesamtproduktportfolios. Diese wird durch Abschaffung der bauteilbedingten Varianten realisiert, wobei so wenige Teile wie nötig zu entwickeln und so viele Teile wie möglich in allen weiteren Geräten einer Produktgruppe zu verwenden sind. Ganz wesentlich dabei ist, über alle Produkte und Produktgruppen hinweg Potenziale zu identifizieren, an denen der „Manufacturing-Smart"-Prozess ansetzen kann. Im Mittelpunkt der Überlegungen muss immer die Frage stehen, inwiefern es möglich ist, in allen Geräten identische Bauteile zu verwenden und damit die Bauteilevielfalt zu reduzieren. Gelingt es Ihnen, die für Ihre Produkte wesentlichen Variantentreiber zu identifizieren, sind Sie schon einen großen Schritt weitergekommen.

Für die elektrischen Produkte des Geräteherstellers konnten folgende Bereiche als Verursacher der Variantenvielfalt identifiziert werden:

➢ elektrische Variantenvielfalt
➢ Vielfalt der Nutzerschnittstellen, Bedienteile

Inwiefern es nun möglich ist, die elektrischen Varianten und die verschiedenen Nutzerschnittstellen, auch als Bedieneinheit bekannt, zu reduzieren, muss man von Produkt zu Produkt und Produktfamilie untersuchen.

Diese Frage soll im Folgenden schrittweise beantwortet werden und am Ende zu einer sinnvollen Gesamtstrategie eines Produkt-Re-

Designs führen, das sich in der Umsetzung an folgenden Zielen orientiert:

➤ Neuentwicklungen zur Herstellung von Netzunabhängigkeit
➤ Neuentwicklungen zur Vereinheitlichung der verschiedenen Benutzerschnittstellen
➤ Neuentwicklung von einheitlichen Steuerungsbaugruppen
➤ Vereinfachung der Baubarkeit durch Reduzierung der Bauteilgruppen

Im Ergebnis sollten netzspannungsunabhängige Geräte (85 VA bis 260 VA) stehen, welche die Stromversorgung für Mikrocontroller-Steuerungen sowie Motoren, Motorsteuerungen und für Benutzerschnittstellen gewährleisten. Es sollten Bedieneinheiten sein, die technisch identisch sind und sowohl in horizontaler als auch vertikaler Ausprägung verwendet werden können. Einzig die Beschriftung der Bedieneinheit könnte variieren. Bei Verwendung von Touch Screens wären keine Sonderbeschriftungen notwendig. Entsprechend der oben genannten Zielsetzung waren die folgenden Neuentwicklungen vorzunehmen.

Elektrotechnisches Konzept zur Optimierung der elektrischen Variantenvielfalt

Wussten Sie, dass es weltweit zehn verschiedene Stromnetze mit zwei verschiedenen Frequenzen und 15 verschiedene Steckervarianten gemäß Weltstandard gibt?[26] Zu den Weltstandards (2015) zählen alle international gebräuchlichen Steckdosen und Steckervarianten. Dabei sind die verschiedenen Stromnetze der Eisenbahnen noch nicht ein-

---

26 http://www.laenderdaten.de/energiewirtschaft/netzspannung.aspx

mal eingerechnet. Man muss sich also für den Heizkocher Typ „A"
nur einmal einen weltweiten Vertrieb in 250 Länder vorstellen, der
für seine Kunden zehn Spannungsvarianten (VA) von 100 Volt bis
260 Volt und mindestens zwei Frequenzen bereitstellt. So erhält man
bereits eine Ahnung, davon, welches Potenzial allein die in den Geräten verbaute Elektrik birgt. Damit erklärt sich auch, dass es für ein
global agierendes Unternehmen, ob DAX-Konzern oder KMU, zur
Sicherstellung seiner Wettbewerbsfähigkeit immens wichtig ist, eine
Lösung zu finden, mit der dieser elektrischen Vielfalt beizukommen
ist.

Um die Problematik nochmals zu verdeutlichen, habe ich Ihnen
einen Auszug aus der Gesamtübersicht aller möglichen Varianten
zusammengestellt. Sie zeigt die elektrische Vielfalt für gerade einmal
fünf Länder auf:

Land	Stromnetz	Stecker-Typ (Weltstandard)
Deutschland	230 VA / 50 Hz	C / F
Schweiz	230 VA / 50 Hz	C / J
Großbritannien	230 VA / 50 Hz	G
Nordamerika	120 VA / 60 Hz	A / B
China	220 VA / 50 Hz	A / C / I

Abb. 12: Elektrische Netzspannungen und länderspezifische Steckervarianten

Die Tabelle zeigt deutlich, dass es zum einen ganz verschiedene Netzspannungsvarianten gibt, aber noch deutlicher, dass es für beinahe
alle Länder unterschiedliche Netzkabelstecker gibt.

Nun haben Unternehmen viele Möglichkeiten, ihr elektrisches
Konzept auf einen weltweiten Vertrieb abzustimmen. Eine davon
wäre, eine Weitbereichsstromversorgung zu verwenden, um so für
alle Netzspannungen und Frequenzen international aufgestellt zu
sein. Eine solche Stromversorgung arbeitet mit Eingangsspannungen

von 85 VA bis 265 VA und 50/60 Hz sowie Ausgangsspannungen von 3 bis 48 Volt je nach Gerätetyp. Mit der internen Netzspannung können dann alle Bauteile des Gerätes mit der entsprechenden Spannung versorgt werden. Den Unterschied in der Ländervariante macht dann lediglich das Netzkabel, das bei der Lieferung einfach beigelegt wird. Sollte jedoch aus technischen Gründen ein Bauteil im Gerät eine Spannung von 240 V und 50 Hz benötigen, muss man sich überlegen, wie man dieses Bauteil in das Produkt integrieren kann, ohne dadurch eine weitere Netzspannungsvariante zu erzeugen. Gibt es keine Lösung, führt dieser Fall dazu, dass es zwei Netzspannungsvarianten in einer Produktlinie gibt. War es daher nicht naheliegend, den Heizkocher Typ „A", „B", und „C" so zu entwickeln, dass er für alle Spannungsvarianten geeignet ist? Die Antwort ist einfach und lautet: ja.

Eine Neuentwicklung des elektrotechnischen Konzeptes erlaubte es nunmehr, alle Gerätevariante mit einer Netzspannung von 86 VA bis 245 VA zu betreiben. Damit war es gelungen, eine der externen Ursachen der Variantenvielfalt – die weltweit unterschiedlichen Spannungsvarianten – zu eliminieren.

Zwei Standards für die Benutzerschnittstellen

Was ist die Benutzerschnittstelle? Je nach Gerät benötigt man die Benutzerschnittstelle, um das Gerät zu bedienen, die Stromversorgung einzuschalten, die Maschine zu starten oder Werte einzugeben. Die Benutzerschnittstelle wird des Öfteren auch als Bedieneinheit, Eingabegerät, Nutzerschnittstelle, Bedienteil oder als *Human Machine Interface* bezeichnet. Wie kann eine Benutzerschnittstelle aufgebaut sein?

Moderne Benutzerschnittstellen basieren in den meisten Fällen auf Microcontroller-Schaltungen (Bedienelektronik), welche Steuerfunktionen übernehmen in Verbindung mit TFT-Displays *(Thin-film transistor)* zur Anzeige von Daten. Die Eingabe von Daten erfolgt wahlweise über Bedienelemente, integrierte Schalter oder über kapazitive Touch-Lösungen. Verwendet man TFT und integrierte Schalter, wird zur Bedienerführung meistens eine bedruckte Folie/Maske als Oberfläche für die Bedieneinheit verwendet. Diese kann je nach Anwendung aus Aluminium, Glas oder Kunststoff bestehen.

Immer häufiger werden für die Benutzerschnittstellen zur Eingabe und Steuerung aber auch Touch-Screen-Lösungen verwendet, bestens bekannt von Smartphones.

Bei der Entwicklung einer neuen Benutzerschnittstelle sollte man sich überlegen, inwieweit man Einbaugröße und mechanische Ausführung produktfamilienübergreifend identisch gestalten kann. Und wie sieht es eventuell mit der Bedienelektronik aus?

Seitdem wir im Zeitalter von Smartphones und Tablets angekommen sind, ist die Entwicklung produktindividueller Nutzerschnittstellen beinahe überflüssig geworden. Der geniale Steve Jobs entwickelte für Apples' iPhone eine neue Mensch-Maschinen-Schnittstellen-Generation, die über eine hervorragende elektronische Hardwarebasis vielfältige Anwendungen ausschließlich über Software realisiert. Touchscreens sind auf dem Vormarsch und begegnen uns täglich, ob am Smartphone oder am Info-Point. Jobs hat uns gezeigt: Entwickle eine Standardhardware und erledige den Rest mithilfe von Software. Er hat seine Smartphones mit sogenannten Apps ausgestattet. Nennen wir es hier Softwarefunktionalitäten für die Bedienoberfläche von Bedieneinheiten. Analog könnte man für unsere Heizkocher daher eine Einheitselektronik entwickeln, die per Software die verschiedenen gewünschten Funktionalitäten pro Gerätevariante unterstützt.

Wie kann man sich das vorstellen? Nehmen wir an, die Bedieneinheit ist als Touchscreen ausgeführt. Dann werden per Softwareeinspielungen je nach Variante verschiedenste Funktionalitäten zur Bedienung freigeschaltet. Da zum Beispiel alle Geräte einen drehzahlgeregelten Motor haben, muss man die Drehzahl auch entsprechend einstellen können. Beim einfachen Gerät kann man mit einem visualisierten Rad am Display die Drehzahl verändern und die tatsächliche Drehzahl anzeigen lassen. Das zweite Gerät erhält neben den bereits bekannten Funktionen eine Start-Stopp-Funktion mit Stoppuhr. Klar ist, dass die Einheitselektronik auf die elektronische Motorsteuerung zugreift, um diese Funktionen zu steuern. So kann man jeder Gerätevariante einer Gerätefamilie unterschiedliche Aufgaben zuweisen, ohne das Gerät hardwareseitig zu verändern.

Bei der Produktanalyse des Geräteherstellers stellte sich heraus, dass die Bedienelemente sowohl innerhalb einer Produktfamilie zwischen den einzelnen Varianten als auch von einer Familie zur anderen völlig unterschiedlich sind. Mit dem Ziel, diese zu vereinheitlichen, hat der Gerätehersteller für die Nutzerschnittstelle zwei Standards entwickelt: eine vertikale und eine horizontale Mensch-Maschine-Schnittstelle.

Während die Mensch-Maschine-Schnittstellen durch ihre Einheitselektronik technisch absolut identisch sind, unterscheiden sie sich in ihrer Ausrichtung. Die Variation zwischen den Geräten innerhalb einer Produktgruppe erfolgt nun lediglich über das Aufspielen der passenden Software. Auch um neue oder verbesserte Funktionen zu implementieren, genügt es, die Software weiterzuentwickeln. Zwar kommt man nicht umhin, ein wenig „Gehirnschmalz" in die Entwicklung einer Mensch-Maschine-Schnittstelle für ein breites Produktportfolio zu stecken, doch gemessen an der Wirkung dieser Neuentwicklung ist der Aufwand verkraftbar. Denn es spielt nun keine Rolle mehr, ob man die Mensch-Maschine-Schnittstelle für nur eine oder gleich zehn Produktlinien verwendet und wann und welche Funktionen man hinzufügt – weil die Anpassungen ausschließlich über die Software erfolgen, fallen Kosten für die Hardware-Entwicklung nur ein einziges Mal an. Wenn zudem nur mit Touch-Technologie gearbeitet wird, fallen nicht einmal Kosten für Anpassungen der Front-Panel-Folie an.

Die Mikrocontroller-Steuerungen wurden mit Hinblick auf die steigende Softwarekomplexität zukünftiger Geräte und Funktionsvarianten großzügig dimensioniert. Um die Steuerung durch Aufspielen neuer Software auch zukünftig jederzeit funktional erweitern zu können, wurde auf die Verwendung von Mikrocontrollern und Mikrochips mit höherer Speicherkapazität und Leistungsklasse geachtet.

Die Vereinheitlichung der Mikrocontroller-Steuerung(en) brachte auch ein einheitliches Leiterplatten-Design für alle Geräte. Die so konzipierten Mikrocontroller-Platinen und Leiterplatten haben nun eine einheitliche ERP-Teilenummer und können in jedes Gerät eingebaut werden. Eine Variante wird dann erzeugt durch Software und Folie für die Bedienfront, oder bei Verwendung von Touchscreen-Bedienelementen nur noch durch Software.

Bei den gerade beschriebenen Änderungen sind zwei Dinge besonders hervorzuheben:

Erstens: die Bedienphilosophie über die gesamte Produktfamilie muss diskutiert, durchdacht und in praktischen Mustern vor dem Entwicklungsstart erprobt sein. Das kann in der Therie oder als Hardwaremuster geschehen.

Zweitens: Man muss sich rechtezitig überlegen, wie und wann das Bedienelement welcher Produktvariante einer Familie zugeordnet ist. Hat man eine Einheitselektronik, ist es naheliegend, die Produktvariante nach dem Zusammenbau des Gerätes per „Boot-Loader" auf das Gerät aufzuspielen und dann die finalen Gerätetests durchzuführen.

4

Im Übrigen: Die gerätespezifische Software wird vom ERP bereitgestellt. Über Bar- oder QR-Code werden Software und Gerät zur Seriennummer verheiratet. Somit ist anhand der Seriennummer auch der Geräte- und Softwarestand jederzeit nachvollziehbar.

Vereinfachung der Baubarkeit durch Reduzierung der Bauteile

Bei allen Schritten des Re-Designs wurde Wert darauf gelegt, die Anzahl der Teile auf das Notwendigste zu reduzieren und dabei die Montageeigenschaften so zu verbessern, dass sich die Baubarkeit der Geräte vereinfacht. Dafür wurden z. B. die Gehäuse so angepasst, dass alle Varianten innerhalb der Produktlinie ein einheitliches Gehäuse haben. Auch durch Einklipsen von Bauteilen bei gleichzeitigem „Wegrationalisieren" von Montageschrauben konnte die Produktionszeit erheblich verkürzt werden.

Ausblicke

Mit der Mehrbereichsstromversorgung und der Bedieneinheit haben wir bereits begonnen. Je nach Ausprägung Ihrer Geräte haben diese eine oder mehrere elektronische Leiterplatten mit Schaltungen im Einsatz. Wie wäre es, wenn für die Funktionen jeweils ein Mehrbereichsmodul entwickelt würde?

Warum? Ganz einfach: Im Schnitt kostet ein sogenannter Nadeladapter zum Testen einer elektronischen Schaltung beim Lieferanten pro elektronische Leiterplatte ab 15.000 Euro und geht in Größenordnungen bis zu 100.000 Euro und mehr. Diese Kosten für Tests müssen auf die Produkte umgelegt werden, was bedeutet, dass bei in geringer Stückzahl benötigten Leiterplatten der Kostenanteil für das Testequipment hoch bis sehr hoch ist. So ist es naheliegend, die Elektronik in Module aufzuteilen und über alle Produktfamilien hinweg zu standardisieren. Dadurch kommen bessere Einkaufpreise wegen größerer Stückzahlen und geringere Testequipment-Kosten zustande. Nicht zu vergessen an dieser Stelle ist, dass die Anzahl benötigter Individuallagerplätze wegen der geringeren Anzahl von Leiterplattenvarianten sinkt. Und wie weiß das Gerät, wer und was es ist? Auch hier gilt: Nach dem Zusammenbau wird die passend vorbereitete Software eingespielt, welche dem Produkt seine funktionalen Merkmale gibt.

An dieser Stelle gäbe es noch weitere tolle Beispiele, jedoch muss jedes Unternehmen für sich die richtigen Methoden finden. Lean Management und Produktion sind Aufgaben, die hoffentlich bereits umgesetzt sind. „Manufacturing Smart" ist eine Übung und Methode, die Unternehmen hilft, effizienter und profitabler arbeiten und produzieren zu können.

Was bewirkt „Manufacturing Smart"?

Die gesamte Supply Chain wird durch „Manufacturing Smart" optimiert. Im Fokus aller relevanten Prozesse stehen die Varianten des Produktportfolios, die im Re-Design durch das Gleichteileprinzip optimiert wurden. Die Standardisierung und Reduzierung der Bauteile hat folgende Effekte auf die einzelnen Positionen der Prozesskette.

Entwicklung: Time to Market
Die Zeitspanne von der ersten Idee über die Entwicklung bis zur Markteinführung eines Produktes bezeichnet man als Time to Market

(TtM) oder „Vorlaufzeit". Die Zeitspanne des Time to Market ist wichtig für den Unternehmenserfolg, garantieren doch kurze Entwicklungszeiträume nicht unerhebliche Vorteile gegenüber der Konkurrenz – insbesondere wenn es darum geht, dem Kunden so schnell wie möglich ein neues, innovatives Produkt anbieten zu können.

Synergien durch Standardisierungen und Mehrfachverwendungen von Bauteilen oder Modulen führen nicht nur zu Beschleunigungseffekten in der TtM, sondern setzen auch Entwicklungskapazitäten frei, die für andere Projekte genutzt werden können.

Hierzu ein Beispiel: Ist eine Mensch-Maschine-Schnittstelle vollständig entwickelt und getestet und für die Serienproduktion freigeben, lässt sie sich nun quer über alle Gerätevarianten hinweg einsetzen. Der Entwicklungsaufwand für künftige Produkte verschiebt sich komplett von der Hardware- zur Softwareentwicklung für neue oder verbesserte Funktionen, welche im Zusammenspiel mit den Steuerungen erreicht werden. Das verkürzt nicht nur die Time to Market, sondern dadurch können auch immense Entwicklungskosten eingespart werden.

Einkauf: Beschaffungsmenge, Einkaufspreise und Single Sourcing
Der Bereich Einkauf operiert im Spannungsfeld von Beschaffungsmenge, Qualität, Einkaufspreisen und Lieferanten. So richten sich die Einkaufpreise in der Regel nach der Menge und der Qualität der angefragten Bauteile. Große Beschaffungsmengen und über Jahre stabile Lieferantenverträge führen generell zu besseren Preisen als nur kleine Abnahmemengen bei einer Vielzahl (wechselnder) Lieferanten.

Insbesondere für KMUs, die in Kleinserien produzieren, sind die Beschaffungsmengen aber eine ständige Herausforderung. Wollen Sie daher einen guten Einkaufspreis zu erzielen, müssen Sie entsprechend hohe Mengen abnehmen. Genau hier setzt "Manufacturing Smart" an: Ziel des Ansatzes ist auch, durch Reduzierung der Bauteilvarianten die Menge der einzelnen, nunmehr geräteeinheitlichen Bauteile zu steigern, um so die Grundlage für eine gute Verhandlungsbasis für günstige Konditionen zu legen. Je weniger Materialien oder Bauteile unterschiedlicher Lieferanten infolge des Re-Designs benötigt werden, desto geringer wird auch der Aufwand für die Erstellung der Verträge. Weil sich gleichzeitig die Erfolgswahrscheinlichkeit für vernünftige Rahmenverträge erhöht, hat es der Einkauf auch bei der Wiederbeschaffung von Bauteilen deutlich leichter. Nicht zuletzt vereinfachen sich das Lieferanten-Management und das Auditieren der Lieferanten.

Diesen Effekt bewirkt „Manufacturing Smart" bei gleichbleibenden Verkaufszahlen und ebenfalls gleichbleibender Lagerumschlaghäufigkeit. So kann die Balance zwischen Einkaufsmenge und Lagerhaltung (Kapitalbindung) niedrig gehalten werden.

An dieser Stelle soll auch auf die Risiken verwiesen werden, die insbesondere im Bereich Einkauf mit der Implementierung von „Manufacturing Smart" verbunden sind: das sogenannte Multiple Sourcing.

Mit dem Begriff „second source" werden in der Produktionswirtschaft Zweitlieferanten für ein Produkt bezeichnet, welches absolut baugleich und kompatibel zu einem anderen Produkt ist. Ziel einer „second source" ist es, nicht in Abhängigkeit eines einzelnen Lieferanten zu geraten – ein Umstand, der im Zuge der Standardisierung von Bauteilen nicht ganz ausgeschlossen ist.

TFT-Displays haben zum Beispiel den Nachteil, dass es für diese wegen des „Pinnings" (Kontaktbelegung bzw. Abstand der Steckerkontakte unterschiedlicher Varianten) und der Art der elektronischen Ansteuerung selten eine „second source" gibt. Fällt daher die Entscheidung zugunsten eines standardisierten TFT-Displays für alle Produkte, ist damit immer das Risiko verbunden, dass genau dieses irgendwann nicht mehr lieferbar sein könnte. Das kann etwa dann passieren, wenn der Hauptlieferant insolvent geht oder das Produkt vom Markt nehmen muss. Um solche Ausfälle bekämpfen zu können, bedarf es meist enormer Liquidität – etwas, das die wenigsten KMUs aufweisen können. Wenn sich ein Unternehmen daher, wie im Fall der TFT-Displays, mit einer Single Source abfinden muss, sollte es sich mit einem gut durchdachten Risikomanagement und einer starken strategischen Partnerschaft vor dem Ausfall der Lieferanten schützen.

Bei allen anderen Produkten, wie bei den Leiterplatten, verhält es sich glücklicherweise anderes. Weil diese größtenteils mit Standardteilen bestückt sind, lässt sich durch den gezielten Ausbau von Zweitlieferanten das Einkaufsrisiko minimieren.

Daher ist bei der Auswahl aller zu standardisierenden Produkte unbedingt darauf zu achten, dass sie einer Risikobetrachtung unterzogen werden und, falls möglich, für alle Produkte eine zweite Lieferquelle verfügbar gemacht wird.

Produktion

Klein- und Kleinstserienfertiger unterliegen einer auftragsbezogenen Auslastungskurve, welche den Produktionsbedarf manchmal sprunghaft ansteigen und zu einem anderen Zeitpunkt wiederum stark absinken lässt. Diese Schwankungen in der Produktion verursachen Aufwand und kosten Geld. Um kurzfristig lieferfähig zu sein, sind viele Unternehmen dazu übergegangen, sogenannte „Bestseller-Produkte" einzuführen. Das sind Produkte, die ohne Risiko gebaut werden können, weil die Nachfrage nach diesen Produkten seitens der Kunden hoch ist.

Auch wenn diese Strategie auf den ersten Blick überzeugend erscheint, darf nicht übersehen werden, dass auch Bestseller ein ernstzunehmendes Lagerrisiko darstellen. Warum? Ganz einfach: Die Vertriebsplanung wird niemals in der Lage sein, den Gesamtbedarf verlässlich voraussagen, sodass die Produktion immer mit der Hoffnung, nie aber mit der Gewissheit verbunden ist, dass die Waren sich innerhalb einer Woche verkaufen lassen und sich nicht zum Ladenhüter entwickeln.

Mit der Einführung von „Manufacturing Smart" dagegen kann jedes KMU eine gleichmäßige Fertigungsauslastung erreichen. Alle Geräte können unabhängig von der vom Auftraggeber angefragten Produktvariante zeitnah in „vernünftigen" Stückzahlen produziert und innerhalb von drei Tagen geliefert werden.

Die durch „Manufacturing Smart" erzielten Veränderungen führen daher nicht nur zu einer höheren Produktivität, sondern im Detail zu einer schnelleren Baubarkeit der Geräte, zu einer Verringerung der Produktionsrisiken, zu einer Vereinfachung der Fertigungssteuerung und einer gleichmäßigen Fertigungsauslastung.

Eine messbare Größe ist die Steigerung der Produktionsmenge mit weniger Mitarbeitern. Durch die Verwendung von Gleichteilen können baugruppenbezogene Arbeitsplätze geschaffen werden, die eine bessere Steuerung der Produktionsauslastung erlauben.

Logistische Prozesse

Auch im Logistikbereich führt die Umsetzung von „Manufacturing Smart" zu signifikanten Verbesserungen. Diese kommen umso mehr zum Tragen, je mehr Produktlinien nach dem „Manufacturing Smart"-Ansatz umgestellt sind.

Wareneingangspositionen: Mit der Verringerung der Bauteilevielfalt sinkt die Zahl der Auftragspositionen, welche pro Artikelnummer eine Lagerplatzposition bedeutet, während sich die Einkaufsmenge pro Position vergrößert. Dies hat erhebliche Auswirkungen auf die Prozesse im Wareneingang. Hier gilt, dass jede Ware bei Anlieferung gezählt, im ERP-System erfasst und geprüft werden muss, bevor sie

eingelagert werden kann. Je weniger Einzelpositionen im Wareneingang verarbeitet werden müssen, desto geringer ist der Gesamtauf-
wand für Warenannahme und Einlagerung und desto niedriger sind
die Kosten.

Kommissionierung: Ähnlich wie beim Wareneingang bedeutet die
Variantenoptimierung durch „Manufacturing Smart", dass weniger
Positionen in größeren Mengen zu kommissionieren sind. Somit
führt die Reduzierung der Bauteile zu einer Verringerung des produktbezogenen Kommissionieraufwands.

Durchschnittlicher Lagerbestand: Auch an dieser Stelle gilt: weniger
Bauteile, weniger Fehlteile, geringeres Lagerrisiko, geringere Kapitalbindung im Lager. Durch die Variantenoptimierung kann der
bauteilebedingte Lagerbestand drastisch reduziert werden. Der Kapi-
taleinsatz kann bei kluger Disposition entsprechend verringert werden.

Fehlteile in der Materialdisposition: Individuell festgelegte, auf die kri-
tischen Teilepositionen beschränkte und regelmäßig auf ihre Notwendigkeit überprüfte Sicherheitsbestände sollen verhindern, dass
Produktionsstillstand wegen Fehlteilen auftritt, müssen sich aber am
Aufwand und am Risiko orientieren. Bei einer hohen Variantenvielfalt jedoch erweist sich das Anlegen von Sicherheitsbeständen als
wenig praktikabel und außerdem ausgesprochen kostenintensiv, was
sich in den Bestandszahlen in Euro am besten ausdrücken lässt.

Infolgedessen kommt es trotz guter Vertriebsplanung immer wieder zu Fehlteilen in der Produktion. Hinzu kommt, dass die Zuteilung
einzelner Bauteile auf die Produktvarianten dermaßen komplex ist,
dass es insbesondere in der Beschaffung und in der Logistik durch
Fehlbuchungen oder Fehleinlagerungen immer wieder zu Fehlteilen

kommt. Fehlteile in der Produktion wiederum führen dazu, dass Kundenaufträge nicht innerhalb der zugesagten Lieferzeit erfüllt werden können. Um dem Kundenauftrag schließlich doch nachkommen zu können, müssen diese Fehlteile oftmals im Eilverfahren zu überhöhten Kosten beschafft werden – vom administrativen Aufwand ganz zu schweigen.

Beim „Manufacturing Smart" kann das Problem der Fehlteile durch die hohe Standardisierung der Bauteile weitestgehend ausgeschlossen werden. Somit sinkt das Risiko, dass verkaufsfähige Produkte nicht gebaut werden können in Verbindung mit der organisatorischen Lagerhaltung gegen Null. Denn beim Vorkonfektionieren fallen Fehlteile bereits im Vorfeld auf. Nur wenn eine Bestellung ausgelöst wird, die weit über die Vertriebsplanung hinausgeht, können durch Fehlteile nach wie vor Engpässe in der Produktion entstehen.

Weil mit der Eliminierung von Fehlteilen auch die Stillstands- und Ausfallzeiten in der Produktion deutlich zurückgefahren werden können, können auch in diesem Bereich Effekte der Produktionssteigerung ausgemacht werden.

Vertrieb

Die Produktionsbedürfnisse eines Unternehmens werden auf Basis der Vertriebsplanung ermittelt. Diese Vorausschau zählt zu den schwierigsten Aufgaben des Vertriebs, denn auch wenn die Mitarbeiter in der Regel auf Erfahrungswerte der letzten Verkaufsjahre zurückgreifen, treten immer wieder Abweichungen auf, die große Risiken für den Einkauf, die Produktion und den Verkauf bergen.

Während die Jahresplanung für nur ein Produkt noch überschaubar und relativ genau kalkulierbar ist, nehmen die Unwägbarkeiten mit zunehmender Variantenvielfalt enorm zu. Das bedeutet im Umkehrschluss, dass die durch „Manufacturing Smart" bewirkte Reduktion der Bauteile zu einer wesentlichen Vereinfachung der Vertriebsplanung führt. Materialengpässe, Fehlteile und Wartezeiten in der Produktion können dadurch erheblich reduziert werden. Darüber hinaus führt die Elimination von Rüstvorgängen zu einer Verkürzung der Durchlaufzeiten. Dies hat zur Folge, dass die Aufträge in der geplanten Reihenfolge produziert und so die versprochenen Liefertermine auch eingehalten werden können.

„Manufacturing Smart" ist ein Konzept, dass insbesondere Kleinserienfertigern dabei helfen kann, die Komplexität entlang der verschiedenen Aktivitäten und Prozesse der Wertschöpfungskette zu reduzieren und dadurch erhebliche Kosten einzusparen.

Zusammenfassung „Manufacturing Smart"

Die Einführung von „Manufacturing Smart" hat sehr viele Verbesserungspotenziale aufgezeigt und viele signifikante Verbesserungen für Unternehmen hervorgebracht. Im Beispiel gingen wir davon aus, dass das Unternehmen international am Markt agiert und haben am Beispiel Heizkocher Variante „A", „B" und „C" die Potenziale sowohl in der Entwicklung als auch in der Supply Chain für das Unternehmen dargestellt.

Zur Erinnerung: Diese Länder werden mit Heizkocher Variante „A", „B" und „C" beliefert.

Land	Stromnetz	Stecker-Typ (Weltstandard)
Deutschland	230 VA / 50 Hz	C / F
Schweiz	230 VA / 50 Hz	C / J
Großbritannien	230 VA / 50 Hz	G
Nordamerika	120 VA / 60 Hz	A / B
China	220 VA / 50 Hz	A / C / I

Und so stellen sich die Potenziale in unserem Beispiel dar, welche durch Anwendung von Manufacturing Smart erreichbar sind.

Gegenüberstellung „Alt" und „Manufacturing Smart"

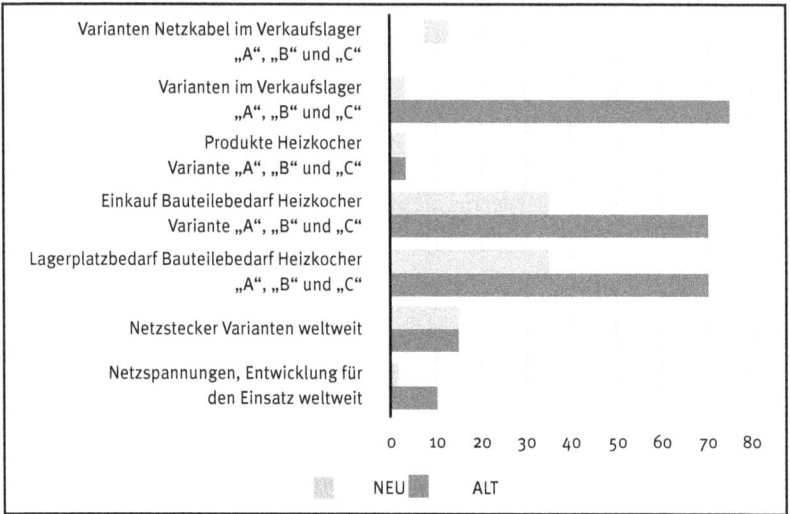

Abb. 13: Gegenüberstellung von relevanten Kenngrößen vor und nach Einführung von „Manufacturing Smart"

Wenn Sie der Meinung sind, dass das nicht stimmen kann, sehen Sie sich einmal in Ihrem Unternehmen um. Sie werden erstaunt sein, wie viele ungenutzte Potenziale vorhanden sind.

Teil 5

KMU im DAX-Konzern

Wer glaubt, dass Standardisierung nur für KMUs von Vorteil ist, irrt. Auch ich war lange der Meinung: Wenn man genügend Teile eines Produktes baut, ist Standardisierung nicht „erfolgsentscheidend". Vor einiger Zeit hatte ich das Vergnügen, bei einem Autozulieferer zu arbeiten, der tolle „Active-Safety"-Produkte für den internationalen Markt anbietet. Mehr als fünf Automobilhersteller hatten bereits Verträge abgeschlossen und weitere hatten bereits Anfragen zwecks Preisindikationen gestellt. Man sollte meinen, dass diese Kunden und weitere mögliche Auftraggeber eine sichere Zukunft für das Unternehmen bieten. Erinnern Sie sich? Einige Kapitel zuvor habe ich über den KMU im DAX-Konzern gesprochen.

Jetzt arbeitete ich in einem derartigen DAX-KMU und bekam dabei vielfältige Anregungen zum Thema „Master of Technical Disaster". Nicht, weil man Super-Lösungen hatte, sondern weil man mögliche Lösungen nicht gesehen, nicht wahrgenommen oder umgesetzt hatte. Zurück zur Ausgangslage. Mein Auftraggeber entwickelte und produzierte an verschiedenen Standorten „ Active-Safety"-Komponenten für Automobile im Hightech-Bereich. Toll. Die von den Fahrzeugherstellern in Aussicht gestellten Abnahmemengen für vier bis fünf Jahre waren eigentlich fantastisch, denn sie lagen in Millionenhöhe. Man stelle sich vor: Es gab mehrere Fahrzeughersteller, auch OEM *(Original Equipment Manufacturer)* genannt, die pro Fahrzeuglinie innerhalb von vier Jahren jeweils mehr als fünf Millionen Teile abnehmen wollten. Das sollte doch eine riesige Freude für das Unternehmen darstellen. Mehr als fünf Millionen Sensoren, die absolut identisch sind. Und trotzdem barg diese Aussicht und Auftragslage beachtliche Probleme mit sich. Worin lagen diese?

Zuerst zum Produkt. Das angebotene und stark nachgefragte Produkt ist kleiner als eine Zigarettenschachtel, vollgepackt mit Elektronik. Man könnte dieses Teil auch als Hochleistungskleincomputer mit einer für „Aktiv-Safety" wichtigen Funktionalität bezeichnen. Das Teil hat zudem ein Gehäuse mit eingeschweißtem Steckverbinder, damit das gesamte Produkt wasserdicht ist. Die Verbindung zum Fahrzeug erfolgt mittels Stecker am Fahrzeugkabelbaum.

Auch in diesem Unternehmen lag das generelle Problem darin, dass man keine Standards entwickelt hatte. Sprach man die Verantwortlichen darauf an, kam immer das Argument, jeder Auftraggeber hätte andere Anforderungen, seien es andere Steckverbinder oder generell andere Anforderungen an die Kommunikation im Fahrzeug.

So möchte ein Kunde Flexray[27], der nächste CAN[28], ein weiterer dual CAN, CAN FD oder dual CAN FD, Ethernet oder BroadR-Reach[29], also unterschiedliche Protokolle zum Datenaustausch mit den entsprechenden Steuergeräten im Fahrzeug.

Kennt man die Prozesse innerhalb der Automobilzulieferindustrie, weiß man, dass jede Änderung an einem Bauteil eine riesige Welle an Validierungen, Qualifizierungen und Tests auslöst, auch wenn man z. B.l nur den Stecker ändert.

Das Ziel müsste daher heißen: standardisieren. Und genau das tut man nicht, denn jede Verkaufseinheit möchte den Kunden mit all seinen Wünschen glücklich machen, was ja verständlich ist. Was so leicht als „standardisieren" gesagt ist, bedeutet eine riesige Herausforderung für das Unternehmen.

Zu diesem Zeitpunkt möchte ich ein wenig mehr in die technische Tiefe abgleiten. Da Bauraum in heutigen Automobilen sehr eng bemessen ist, möchte jeder Auftraggeber die Größe der Sensoren exakt vorgeben. Aber Sensoren haben wegen der notwendigen technischen Komponenten eine bestimmte Mindestgröße, welche nach

27 http://www.ni.com/white-paper/3352/de
28 http://www.elektronikpraxis.vogel.de/messen-und-testen/articles/455200
29 https://olaf73.wordpress.com/2012/02/21/broadr-reach-grundlagen

dem Stand der Technik im Jahr 2016 nicht unterschritten werden konnte und deshalb nicht angetastet wurde.

Jedoch wurden aufgrund der Kundenanforderungen immer wieder folgende Komponenten modifiziert: die Stecker und die Kommunikationsbausteine.

Und da fängt das Problem an. Die Änderung eines Steckers am Gehäuse und/oder der Kommunikationsschnittstelle haben zur Folge, dass die Leiterplatte angepasst werden muss. Damit entsteht eine neue Variante, die zahlreichen zusätzlichen Tests unterzogen wird. Ergänzend zu diesen Tests muss wegen der Änderung der Leiterplatte ein EMV-Test (Elektromagnetische Verträglichkeit) durchgeführt werden. Jede Anpassung bewirkt, dass der Sensor, neben den bereits erfolgten Komponenten-Tests, im vollen Umfang auch im Fahrzeug getestet und validiert werden muss.

Diese Tests sind extrem aufwändig und bedeuten, dass der/die Sensoren über eine Distanz von 1 Million Kilometer getestet werden müssen, um die Qualifikation für das Fahrzeug zu erreichen. Aktuell erfolgt die Validierung und Qualifizierung durch den Auftragnehmer und Auftraggeber bei den Erprobungsfahrten und Tests.

Zur Übernahme der geänderten Sensoren in die Serienfertigung (in der Autoindustrie spricht man vom Industrialisierungsprozess) sind je nach Veränderung erhöhte finanzielle Aufwendungen notwendig. So müssen zum Beispiel bei einer Änderung des Steckers Spezialwerkzeuge entwickelt und beschafft werden. Der Industrialisierungsprozess für geänderte Stecker kostet ca. 800.000 Euro je Variante. Viele Automobilhersteller wollen die Industrialisierungskosten im Produktpreis verankert wissen, was wiederum ein Kostenproblem wird, wenn der Auftraggeber z. B. nicht die vereinbarten Mengen abnimmt und keine oder zu geringe Ausgleichszahlungen vereinbart sind oder die Industrialisierungskosten den geschätzten Kostenrahmen übersteigen.

Wie würde ein „Master of Technical Disaster" diese Aufgabenstellung lösen? Dazu gibt es drei Lösungsansätze.

Zum einen der Kundenwunsch nach einem anderen Stecker. An dieser Stelle muss auch ein „Master of Technical Disaster" passen, denn das Einbringen eines Steckers in ein wasserdichtes Gehäuse bringt große Aufwände mit sich, welche nicht mit einem Trick abwendbar sind. Hier hilft als Lösung nur, dass der Vertrieb versucht, das Produkt mit einem Standardstecker zu verkaufen und dies auch überzeugend begründen kann.

Das Problem der unterschiedlichen Kommunikationsschnittstellen ist eine etwas einfachere Übung, verlangt jedoch im Vorfeld einige Überlegungen. So kann man beim Design der elektrischen Platinen *(Printed Circuit Board)* zwei Sichtweisen anbieten. Man entwickelt ein Layout, bei dem alle notwendigen Komponenten bereits eingebaut werden. Per Software schaltet man anschließend die gewünschte Kommunikation frei. Oder man entwickelt ein Layout, wo alle notwendigen Komponenten als Varianten im automatisierten Fertigungsprozess bestückt werden können. Per Software wird auch hier die Kommunikation geschaltet.

Dieses so einfach klingende System hat nur einen Nachteil: Die maßgeblichen Entwickler müssen sich bereits im Vorfeld zu dieser Aufgabenstellung Gedanken machen und entsprechende Lösungen erarbeiten, ohne dass die Leiterplatte in ihrer Dimension verändert wird. Das scheint schwierig zu sein, ist jedoch machbar. Welche der zwei elektrischen Varianten verwendet wird, ist dem Unternehmen selbst vorbehalten, jedoch könnte der gesamte Validierungs- und Freigabeprozess vereinfacht werden. Der Lieferant hätte für die heutigen Kundenwünsche alle notwendigen Kommunikationsschnittstellen bereits im Regal verfügbar.

Leider ist es in dem hier beschriebenen Unternehmen so, dass niemand in der Entwicklung diesen Schritt angedacht hat. Die Meinung des „Masters of Technical Desaster" wurde mit dem Argument zerstreut: „Wir bauen für jeden Kunden im Schnitt fünf Millionen Sensoren, da kommt es auf die Änderungen nicht an." Meine Meinung dazu ist: Die aufgezeigte Lösung würde „Time to Market" – die Zeitspanne, die von der Idee für ein Produkt bis zu dessen Markteinführung reicht – erheblich verkürzen, was für viele Auftraggeber von höchstem Interesse ist und einen Vorsprung gegenüber den Mitbewerbern sichern würde.

Daher zurück zum Problem der Varianten am Gehäuse und an der Leiterplatte. Jede Änderung an einem Sensor bewirkt auch eine Materialkostenänderung, die sich positiv oder auch negativ auf die Produktkosten auswirken kann. Wird das Produkt teurer, birgt es die Gefahr, dass der positive vorhergesagte Ertrag nicht mehr erwirtschaftet werden kann. Rechnen Sie einfach einmal: 20 Cent Verlust pro Sensor × 5 Millionen Stück Lieferzusagen zu vertraglich fixierten Preisen bedeuten einen Umsatzverlust von 1 Million Euro. Sie sehen: Eine vermeintlich kleine Änderung kann extrem kostenintensive Auswirkungen auf das gesamt Produkt haben.

Aus diesem Grund ist Standardisierung ein probates Mittel, die Produktionskosten und die Produktkosten zu reduzieren, auch wenn viele behaupten, dass bei diesen Auftragsmengen die Varianten doch leicht handhabbar sind. Was vielleicht viele Verantwortliche übersehen ist die Tatsache, dass für jede Hardwarevariante (ich spreche hier nicht von Software-Applikationen) eine Anzahl von bestens qualifizierten Mitarbeitern benötigt werden, um die Anforderungen umzusetzen. Eine Lösung lautet: zusätzliches Personal einstellen. Leichter gesagt als getan, denn für hochtechnisierte Bereiche wie diesen Zulieferbetrieb sind Spezialisten für hochkomplexe Aufgaben sehr schwer zu finden. So wird im Unternehmen versucht, jeden der neuen Aufträge zusätzlich auf die bestehenden Mitarbeiter umzulegen, was dazu führt, dass gegebene Terminzusagen in bestehenden Projekten nicht valide sind, Aufgaben nicht angefangen und Termine nicht eingehalten werden können.

Und ab jetzt bewegt sich das Unternehmen in einem Teufelskreis. Auftraggeber werden bitterböse, wenn A-Muster, B-Muster etc. nicht termingerecht geliefert werden. So wird der Auftragnehmer in den sogenannten Task-Force-Modus getrieben: Der Auftraggeber möchte besonders behandelt werden. Die Folge: Beim Auftragnehmer herrscht bereits Personalknappheit und dazu kommt dann noch der Mehraufwand für den Task-Force pro Auftraggeber, was Projekte und Entwicklungen zusätzlich behindert. Das bedeutet: Mit jedem neuen Auftrag, der Anforderungen außerhalb des Produktstandards beinhaltet, steigt das Risiko für den Auftragnehmer, nicht im Zeitplan zu liefern.

Warum reagieren die Automobilhersteller sehr harsch auf Zeitverzüge? Die Entwicklung neuer Fahrzeuge ist ein sehr komplexes Entwicklungsprojekt, in dem alle Aufgaben bis hin zur Fertigstellung des Produktes eng verzahnt sind. Liefert ein Zulieferer nicht im Plan – und sei es nur ein A-Muster –, greift der Auftragnehmer mit dieser Verzögerung in den komplexen Projektplan des Herstellers ein. Denn dieser hat ab Zeitpunkt X, dem Liefertermin vom A-Mustern, bereits seine internen Spezialisten geplant und einbestellt, welche nun wegen des Zeitverzugs „arbeitslos" im Projekt verankert sind und Arbeitsstunden vernichten. Die Möglichkeit, diese Spezialisten in andere Projekte zu integrieren, ist eher gering, denn für jedes Projekt ist eine gewisse Einarbeitungszeit notwendig. Je weiter ein Entwicklungsprojekt beim Auftraggeber vorangeht, desto kritischer werden Verzögerungen gesehen. Ein Automobilhersteller kann sich eine Verzögerung des Produktionsanlaufs nicht leisten. Deshalb werden bei Verzögerungen die Auftraggeber schlichtweg nervös, denn der Termin „Start of Production" rückt rasch näher und ist nicht verschiebbar. Was löst diese Nervosität aus? Nun, es nimmt sehr viel Zeit in Anspruch, Sensoren im Fahrzeug zu integrieren und alle erforderlichen Tests erfolgreich abzuschließen. Somit schließt sich der Kreis und erklärt, warum auch kleine Verzögerungen gewaltige Verärgerungen hervorrufen. Sie kennen nun einen Teil des Problems. Doch wie kann man ihm begegnen?

Standardisieren ist auch hier die Lösung

Spricht man mit Vertriebsleuten – und deren kenne ich viele –, werden alle behaupten: Standardisieren geht nicht, denn jeder Automobilhersteller möchte etwas anderes. Dem stimme ich prinzipiell zu. Jedoch ist hier der Gedanke einer Standardisierung der Hardwarekomponenten notwendig. Gehen wir auf die unterschiedlichen Anforderungen der Kommunikation mit dem Sensor ein, besteht die Möglichkeit, das Layout so zu gestalten, dass alle Kommunikationsteile nach Bedarf eingebaut werden können. Daher wäre ein intelligentes *Elektronic Board Design* der erste Schritt. Mit solch einer Maßnahme könnte man ohne späteren Mehraufwand die Kommunikationswünsche pro Kunde abdecken. Man schaltet per Software die passende Kommunikation zu oder ab.

Was ist mit dem Stecker? Hier ist der Verkäufer gefragt, denn der hat die Aufgabe, dem Kunden den Nutzen des Sensors mit standardisiertem Stecker vorzustellen. Für einen Automobilhersteller ist es ein Leichtes, die entsprechenden Stecker für ein neues Fahrzeugmodell anzupassen, denn diese werden auf den Kabelbaum angebracht. Und ich habe selten einen Automobilhersteller angetroffen, der gegenüber Einsparungen im Engineering-Bereich von 500.000 bis zu 1 Million Euro abgeneigt ist, speziell dann, wenn die hausinterne Anpassung kaum Kosten verursacht.

Welchen Nutzen bringt Standardisierung der Hardware für den Hersteller?

Dieser Punkt ist vielschichtig und greift in beinahe alle Bereiche ein. Die Hardware-Produktion wird einfacher, denn ein Standard benötigt nur eine einmalige Basis-Industrialisierung. Die Standfestigkeit der Produkte wird besser, da mit jeder technischen Iteration alle Produkte verbessert werden. Man kann bei Bedarf gleichgeartete Produktionslinien fahren, es sind keine neuen Anlaufprobleme für Produktänderungen zu erwarten. Die Lieferfähigkeit kann kurzfristig erhöht werden, beispielsweise durch Schichtbetrieb oder zusätzliche Produktionslinien. Klar, jede Kundenproduktion muss dann die richtigen Kundenlabels mit entsprechender Teilenummer aufweisen, jedoch ist dies die kleinste aller Übungen.

Und was ist mit der Software für intelligente Produkte? Diese wird per Boot-Loader am Ende der Produktionslinie eingespielt und anschließend geht das Produkt in den allumfassenden Komponententest, der von Auftraggeber zu Auftraggeber unterschiedlich sein kann, jedoch nicht sein muss.

Einen weiteren Nutzen für das Unternehmen bringt die Entzerrung der Personalsituation.

Was kann man daraus ableiten? Standardisierung von Hardwareprodukten ergibt auch bei DAX-Unternehmen, die Hightech-Massenprodukte herstellen, durchaus Sinn. Sie helfen, den Ertrag zu stabilisieren, sie helfen mit geringerer Personaldecke viele Auftraggeber zu beliefern, sie helfen Personal freizubekommen für notwendige zukunftsweisende Entwicklungen.

Steve Jobs hat es vorgemacht: Software-Anpassungen sind die Lösung. Für jeden Autobauer wird die notwendige Software aus einem Standard-Software-Pool so konfiguriert, dass der Auftraggeber seine im

Requirement festgeschriebenen Wünsche erfüllt bekommt. Es kann durchaus vorkommen, dass Software-Teile noch nicht zur Verfügung stehen im Software-Pool, diese werden dann kundenspezifisch entwickelt und getestet. Ähnlich den Apps für Smartphones.

Wie sieht eine Lösung für das dargestellte Problem aus?

Was sollte nun geschehen, um eine Lösung für das oben beschriebene Unternehmen herbeizuführen?

In diesem Fall ist ein starkes Management gefordert, das die Problematik erkennt und durch entsprechende Maßnahmen einleitet. Es hilft nicht, interne Kosten reduzieren zu wollen. Dies ist eine Maßnahme, die das Problem an dieser Stelle nicht löst. Eine Aufstockung des Personals um 25 Spezialisten für einen neuen Kunden ist kurzfristig nicht machbar. Man sollte auch bedenken, dass die Einarbeitung der Mitarbeiter bis zu ein Jahr Vorlaufzeit braucht und viel Geld kostet. Deshalb stehen in dieser Situation nur zwei Optionen zur Verfügung:

➢ Den Vertrag mit einem neuen Kunden nicht annehmen
➢ Standardisieren der Produkte

Aus meiner Sicht wäre es ein guter Weg, die Variantenvielfalt zu eliminieren und die Standardisierung der Produkte im Bereich Hardware konsequent voranzutreiben. Das Management ist daher gefordert, die Standardisierung der Produkte als Vorgabe und Unternehmensziel an die Mitarbeiter als Aufgabe kommunizieren.

Solange diese Entscheidung nicht getroffen wird und von ganz oben kommt, werden die beschriebenen Szenarien weiter bestehen.

Was passiert, wenn keine Entscheidung in Richtung Standardisierung getroffen wird? Alle beschriebenen Probleme bleiben bestehen und werden mit jedem neuen Kunden verstärkt:

➤ Variantenvielfalt wird größer
➤ Folgekosten entstehen durch Re-Validierung von Produkten
➤ Erhöhung der Kapazitätsengpässe
➤ Zusätzliche Industrialisierung Aufwände
➤ Probleme bei Termin- und Liefertreue

Es liegt nun an Ihnen, werter Leser, für sich zu entscheiden, was die richtige Lösung wäre. Eines kann man in jedem Fall daraus sehen: Auch in großen Unternehmen kommt es zu Desastern, welche die unterschiedlichsten Ursachen haben können. Wegen fehlender Termintreue und Lieferfähigkeit springen Kunden ab, man muss damit rechnen, dass Auftraggeber künftig mit der „Second-Source", also alternativen Lieferanten arbeiten. Wegen der ständigen Bindung der Spezialisten an die laufenden Projekte sind keine Kapazitäten frei für Innovationen.

Verpasste Chance

Vor einigen Jahren gab es eine Ausschreibung für ein Projekt mit dem Inhalt, sämtliche Motorsteuergeräte eines Traktorenherstellers zu analysieren und zu standardisieren. Gern hätte ich diese Aufgabe übernommen, denn dank meiner beruflichen Praxis hatte ich bereits sehr gute Kenntnisse über unterschiedliche Motorsteuergeräte eines Premiumanbieters in Deutschland. Meine Kenntnisse umfassten zum damaligen Zeitpunkt Motorsteuerungen für Vier-, Sechs-, Acht- und Zwölf-Zylinder-Motoren, unabhängig von der Treibstoffart. Mit anderen Worten: Ich hatte einen allumfassenden Wissensstand aus der Automobilindustrie, sowohl was Eingangsgrößen betraf, inklusive der Verarbeitung der motortechnischen Rahmenbedingungen, als auch über die notwendigen Steuerungsmaßnahmen. Zugegeben, es waren Personenkraftwagen und keine Landmaschinen. Etwas verwundert war ich allerdings doch, dass ich auf meine Bewerbung weder eine Absage noch eine Einladung zum Gespräch erhalten habe. Die Ausschreibung lief über einen Headhunter, und so war und ist mir auch der Auftraggeber unbekannt. Eines war jedoch klar: Es war ein „Großer" der Branche. Diese Aufgabe hatte damals auf mich einen besonderen Reiz ausgeübt, denn bereits vor Jahren habe ich mich mit dem Thema Optimierungspotenziale in der Industrie auseinandergesetzt. So bleibt mir nur an dieser Stelle zu mutmaßen, welche Potenziale sich für den Auftraggeber ergeben hätten. Bei der Analyse der Traktorenhersteller in Deutschland stand im Vordergrund, wie viele Traktoren der unterschiedlichen Leistungsklassen pro Jahr gebaut bzw. verkauft werden. Welche unterschiedlichen Traktortypen mit welchen Anforderungen an die Motorsteuerung stehen zur Debatte? Gibt es Bauraumbeschränkungen und Preisvorgaben für bestimmte Produktlinien und Motorausstattungsvarianten? Oder sollte mit einer Einheitssteuerungselektronik der Herstellpreis der Motorsteuerung signifikant reduziert werden, das Lagerrisiko für unterschiedliche Varianten reduziert und die Motorsteuerung durch den passenden Softwarestand für einen Traktortyp mittels „Upload" in ein standardisiertes Steuergerät für alle Traktorentypen des Herstellers angepasst werden? Eine tolle Idee, welche aus meiner Sicht durchaus umsetzbar gewesen wäre. Ein Hindernis hätte der Herstellungspreis für die Motorsteuerungselektronik sein können, wenn man die Steuerung nur auf eine Produktlinie beschränkt. Technisch machbar war dieses Ansinnen aber in jedem Fall.

Wie hätte man das Thema bearbeiten müssen? An erster Stelle stehen der Produktvariantenvergleich sowie die Motorleistungsdaten pro Motor. Zusätzlich müssen zu jeder Variante die Stückzahlen und die Herstellkosten oder Einkaufkosten pro Motorsteuergerät ermittelt werden. Als nächstes wären die Einbaulage und maximale Baugröße entscheidend sowie die temperaturabhängigen Rahmenbedingungen – das sind die minimalen und maximalen Temperaturen für den Dauereinsatz in einem Traktor. Ein weiterer Schritt wäre die Prüfung der Anforderungen an Staub- und Wasserdichtigkeit des Steuergerätes.

Ausgerüstet mit diesem Kenntnisstand hätte man das leistungsstärkste Motorsteuergerät mit all seinen Sensoreingängen und Steuerungsausgängen grafisch dargestellt. Mittels Reduktionsverfahren auf den Plänen hätte man pro Motorvariante alle Notwendigkeiten zur Steuerung ersehen können, sowohl Eingänge als auch Steuerungsausgänge. Mit dieser Methode wäre relativ rasch klar ersichtlich gewesen, welche Gemeinsamkeiten zwischen den einzelnen Steuerungen bestehen und wo hardwaretechnischer Zusatzbedarf entstehen würde.

Ob sich der Wunsch einheitlicher Motorsteuergeräte finanziell gerechnet hätte, mag ich nicht zu beantworten, jedoch kann ich anhand der Internet-Recherche mit der Theorie aufwarten, dass die Standardisierung der Steuergeräte Folgendes hervorgebracht hätte: Bei der Firma Deutz werden Motoren für mobile Arbeitsmaschinen und Landtechnik gebaut. Laut dem eigenen Internetauftritt gibt es 39 Motoren[30]. Die Motorenpalette startet mit 4-Zylinder-Motoren, beinhaltet aber auch Motoren mit 6 und 8 Zylindern. Würde man ein Einheitssteuergerät zur Motorsteuerung verwenden, würden alle Motoren nur eine Einheitssteuerung, die über Software auf die Motorbedürfnisse abgestimmt ist, verwenden. Das bedeutet ein Steuergerät für alle Varianten. Eine solche Vorgehensweise würde folgende Konsequenzen haben:

30 http://www.deutz.com/live_deutz_products/html/display:index.de.html

➤ nur eine Hardwaregeräteteilenummer
➤ weniger Lieferanteneinzelverträge
➤ genügend Steuergeräte auf Lager, unabhängig von den Modell-
abverkäufen
➤ größere Abnahmemengen beim Lieferanten
➤ ggf. geringere Lagerbevorratung
➤ ggf. sind weniger Lagerplätze notwendig

Das sind die offensichtlichen Vorteile. Dass für alle Motoren eine passende Software bereitgestellt werden muss, ist nicht zu vermeiden.
Jedoch kann die Software im Laufe der Produktion in die Steuerge-
rätesteuerung per Boot-Loader eingespielt werden. Wie sich die Erhöhung der Produktionszahlen auf die Einkaufspreise für ein
Einheitssteuergerät auswirken würde, kann ich an dieser Stelle nicht
beziffern. Dies wäre jedoch ein interessanter Punkt, den es zu
beleuchten gäbe.

Zusammengefasst muss ich feststellen: Es könnte durchaus von
Vorteil sein, die verwendete Hardware zu standardisieren. So bietet
z. B. die Landmaschinenhersteller John Deere ca. 51 und CASE mehr
als 60 Motorvarianten an.

Sie sehen: Es gibt durchaus Bereiche, wo Standardisierungen Sinn
machen könnte. Für mich wäre es im Nachgang interessant zu wissen,
welcher Traktorhersteller das Thema Standardisierung in Angriff
genommen und umgesetzt hat.

Teil 6

„Master of Technical Disaster"

Was ist ein "Master of Technical Disaster"? Genaugenommen sind solche Personen schwer zu beschreiben, denn es sind ungewöhnliche Menschen mit ungewöhnlichen Lebensläufen und oftmals auch ungewöhnlichen Ideen. Wie man einen „Master of Technical Disaster" finden kann, zeigen die nächsten Seiten.

Interims-Management für die Krisenbewältigung

Es gibt Menschen, die stolpern über ein Bündel von 500-Euro-Scheinen und bemerken es nicht. Es gibt Menschen, die sehen das Bündel, aber sie heben es nicht auf. Es gibt Menschen, die beinahe alles sehen und sich für die kleinste Kleinigkeit interessieren. Und es gibt Menschen, die alles sehen, alles in sich aufnehmen, und zudem noch mit Visionen ausgestattet sind.

Doch beginnen wir ganz von vorn. Denn vielleicht fragen Sie sich an dieser Stelle, wofür oder warum man für eine Krisenbewältigung einen Spezialisten bzw. einen speziellen Manager brauchen sollte. Hier sei angemerkt, dass der Einsatz von Interims-Managern auch zur Produkt und Produktionsoptimierung sinnvoll sein kann.

Nehmen wir an, Sie sind jemand, der auf eine jahrelange erfolgreiche Karriere in der Führungsebene eines Unternehmens zurückblicken kann, der fachlich extrem gut beschlagen, strategisch denkend und weitsichtig sowie gesundheitlich topfit ist. Sie haben zahlreiche Fortbildungen besucht, waren auf beinahe allen managementrelevanten Seminaren, haben aktuelle Fachliteratur studiert und diverse Branchenmagazine abonniert. Zudem laufen Sie täglich zehn Kilometer der Gesundheit zuliebe.

Wozu sollte jemand wie Sie einen speziellen Manager brauchen? Wenn Sie sich den außergewöhnlichen Herausforderungen des Projekt-, Change-, Kooperations- und Krisenmanagements gewachsen fühlen, entsprechend technisch versiert und auf dem neuesten Stand der Technik und der Umsetzungsmöglichkeiten sind und sich außerdem zutrauen, neue Strukturen und Prozesse auch bei Gegenwind zu implementieren – dann werde ich Sie nicht davon abbringen wollen und wünsche Ihnen viel Erfolg.

Wenn Sie nur die geringsten Zweifel haben, oder Ihre Aufgaben und die Zeit es nicht zulassen, die von Ihnen gesteckten Ziele sicher und unbeschadet erreichen zu können, dann empfehle ich Ihnen, sich die Unterstützung durch einen erfahrenen Interims-Manager zu sichern. Ein Interims-Manager kann Ihnen bei der strategischen Neuausrichtung Ihres Unternehmens beiseitestehen und gemeinsam mit Ihnen, Ihren Führungskräften und Mitarbeitern maßgeschneiderte Lösungen und Maßnahmen entwickeln und in die Unternehmenspraxis umsetzten. Denn es steht Einiges auf dem Spiel: unter Umständen die Zukunft des Unternehmens, die eigene Position, sowie die Existenzsicherung für viele Familien. Durch den Erhalt von Arbeitsplätzen leisten Sie in letzter Konsequenz einen Beitrag zum Erhalt des sozialen Friedens im Land.

Wenn Sie die ersten Kapitel dieses Buches gelesen haben, können Sie leicht nachvollziehen, warum ich an dieser Stelle nicht mehr nur vom Interims-Manager, sondern viel lieber vom „Master of Technical Disaster" (MoTD) spreche. Denn neben der Fähigkeit eines Interims-Managers, Zusammenhänge zu analysieren, Chancen zu erkennen und konsequent „aufzuräumen", verfügt ein MoTD auch über ein breites technisches Know-how aus unterschiedlichen Branchen, das es braucht, die richtigen Prozesse in der Forschung und Entwicklung, in der Produktion und im Supply-Chain-Prozess zu implementieren sowie voranzutreiben.

Widmen wir uns also zunächst der Frage, was er alles können sollte, so ein „Master of Technical Disaster".

Das Anforderungsprofil „Master of Technical Disaster"

Würde man Unternehmer nach dem idealen Kandidat für das technische Interims-Management befragen, erhielte man mit ziemlicher Sicherheit folgende Antwort: vornehmlich Akademiker solle er sein, am liebsten promoviert im einschlägigen technischen Umfeld des Unternehmens, männlich, nicht viel älter als dreißig mit langjähriger Erfahrung im technischen Krisenmanagement. Es wird eine versierte Fachkraft, ein Innovator mit einschlägiger Berufspraxis, vorzugsweise mit Berufspraxis in renommierten Unternehmen, gesucht. Am liebsten in DAX-Konzernen, weil das für „Qualifikationserfolg" steht.

Wonach würde ich suchen? Nun, ich würde wohl, wie es die Bayern zu sagen pflegen, eine „eierlegende Wollmilchsau" als idealen Kandidaten empfehlen. Einen, der alles kann, alles weiß und alles macht.

Sie sollten eine starke Persönlichkeit mit Durchsetzungskraft und ausgeprägten diplomatischen Fähigkeiten suchen. Keinen Wasserträger oder Konformisten! Einen, der sich traut, Grenzen zu überschreiten, daher über den Tellerrand schaut. Eine Person, die bereit ist, mit Routinen zu brechen, bestehende Prozesse zu hinterfragen und in der Lage ist, die Perspektiven zu wechseln.

Daher sollten Sie einen Visionär finden, der den Erfolg mit unkonventionellen Ideen und Methoden zu erreichen sucht. Einen Praktiker, nicht zwingend mit abgeschlossenem Studium oder Promotion, aber mit großem Erfahrungsschatz und Innovationsvermögen. Einen Generalisten, der die Bereiche Forschung und Entwicklung, Produktion und darüber hinaus den gesamten Wertschöpfungsprozess von

KMUs aus dem Effeff beherrscht und zwingend über handlungssicheres kaufmännisches Wissen verfügt.

Gerade im Zeitalter der dritten technischen Revolution brauchen Unternehmen keine fachspezifischen Spezialisten als Krisenmanager, keine „Schmalspur-Indianer" – wie die Wiener sagen würden – oder Warmduscher in langen Unterhosen. (Verzeihen Sie mir die Übertreibung.) Unternehmen in technischen Schwierigkeiten brauchen unkonventionelle und manchmal auch unbequeme Querdenker, innovative Köpfe, die neben dem ingenieurtechnischen Verständnis ein breites Wissen über Zukunftstechnologien und den nötigen Weitblick mitbringen. Denn der Blickwinkel auf ein Problem oder eine Aufgabenstellung kann zum Zünglein an der Waage werden, wenn es darum geht, ein Unternehmen wieder in die richtigen Bahnen zu lenken.

Folgender Spruch, den ich auf einer Postkarte gefunden habe, hat mich in diesem Zusammenhang begeistert:
Alle sagten: „Das geht nicht." Dann kam einer, der wusste das nicht, und hat es gemacht.
Original: Hilbert Meyer, Professor für Schulpädagogik, Universität Oldenburg

Den „Unternehmensberatern" aus den großen Firmen fehlen oftmals diese gesamttechnische Übersicht und das Wissen um die abteilungsübergreifenden Zusammenhänge, welche in einem KMU gemeistert werden müssen. So sind es oftmals die Quereinsteiger aus anderen Bereichen, denen es gelingt, den Blick über den Tellerrand zu werfen und die entscheidenden Impulse zu setzen. Und das zumeist nur, weil sie mit einer anderen Sichtweise auf das Unternehmen und dessen Technik blicken.

Was genau ich damit meine, soll Ihnen eine Episode aus meinem Leben veranschaulichen. Als Zehnjähriger habe ich gern dem Hufschmied unseres Dorfes beim Beschlagen der Pferde zugesehen. Ich war absolut beeindruckt von seinem Können und es stand außer Frage, dass Hufe nur so und niemals anders beschlagen werden würden. Jahrzehnte später durfte ich in Nordafrika einem spanischen Hufschmied über die Schulter blicken. Welch eine Erkenntnis! Seine Methode, die Hufe vorzubereiten und zu beschlagen, war nicht nur beispiellos einfach, sondern auch viel effizienter und schneller als alles, was ich als Kind für die einzig wahre Vorgehensweise gehalten hatte. In meinem zehn Jahre währenden Berufsaufenthalt in Afrika habe ich aus vielen solcher Beispiele gelernt, dass das, was wir selbst erfahren haben, nur ein kleiner Ausschnitt des Möglichen und Machbaren ist und nie auch nur der einzig richtige. Zu erfahren, dass andere Kulturen vielfältige und auch im Wesen voneinander verschiedene Herangehensweisen und Lösungsansätze bereithalten, ist eine Erkenntnis, von der ich bis heute profitiere.

Gern vergleiche ich daher den Werdegang eines guten Interims-Managers auch mit dem zünftigen Reisen der Bauhandwerker. So wie die Walz eine in jeder Beziehung praxisnahe Lebensschule ist, die den Horizont des Gesellen erweitert, so sollte auch ein Interims-Manager über sein Spezialistentum hinaus seine berufliche Erfahrung über verschiedene Stationen und Kulturen hinweg vervielfältigt haben. Denn ein Studium allein befähigt niemanden zum Interims-Manager, nicht einmal ein Studium der „richtigen" Fachrichtung oder eine Promotion, auch wenn Stellenbesetzungen oft ausschlaggebend nach diesem Kriterium vorgenommen werden. So suchen beispielsweise Maschinenbauunternehmen immer wieder nur Maschinenbauer für ihr Interims-Management und keine Mechatroniker/Elektroniker oder IT-Spezialisten, obwohl diese für die Produktentwicklung immens wichtig wären. Denn auch der Maschinenbau muss heutzutage intelligente Produkte auf den Markt bringen, die in der Regel einen großen Anteil an Elektronik aufweisen, deren Bedienung und Steuerung in den meisten Fällen IT-gestützt ist.

Für die richtige Wahl des geeigneten „Master of Technical Disaster" möchte ich Ihnen daher sagen: Suchen Sie jemanden, der „herumgekommen" ist, jemanden mit einem unkonventionellen Lebenslauf, einem großen beruflichen Erfahrungsschatz und klaren Ansichten. Halten Sie daher Ausschau nach jemandem, der ein breites branchenübergreifendes Fachwissen mitbringt und technische Visionen nicht nur denkt, sondern auch umsetzen kann. Das ist Ihr idealer Kandidat.

Fallstricke im Interims-Management

Die Rolle eines „Master of Technical Disaster" ist alles andere als einfach und der Weg zu einem erfolgreichen Interims-Management voller Fallstricke. Mit einigen davon möchte ich Sie vertraut machen.

Hausgemachte Krisen gehen, wie ich zu Beginn des Buches aufgezeigt habe, sehr oft aus Fehleinschätzungen von Marktdaten, Fehlinterpretation technischer Fakten und fehlender Innovationen hervor. Es könnte auch sein, dass man firmeninterne Mahner nicht ernst genommen hat. Wenn das Management die Anforderungen an das Unternehmen falsch eingeschätzt und sich deswegen gegen Veränderungen gesträubt hat, kann es durchaus erforderlich sein, das bestehende Management oder Teile davon auszutauschen. Das ist insbesondere dann der Fall, wenn sich die Unternehmensführung den notwendigen Veränderungen widersetzt und deshalb einer Gesundung durch Innovationen, durch Umstellung oder Optimierung der Produktionsabläufe oder eine Optimierung der Marketingstrategie nicht zustimmt.

Den Veränderungsprozess einzuleiten und durchzusetzen, zählt zu den schwierigsten Aufgaben eines Interims-Managers. Dass das Management ausgetauscht wird, ist ein eher seltenes Vorgehen. Viel eher wird der Interims-Manager vor der Herausforderung stehen, dafür sorgen zu müssen, dass das „eingesessene Management" sein Gesicht nicht verliert. Im besten Falle glaubt die Führungsebene, selbst die erforderlichen Maßnahmen veranlasst zu haben.

Durchsetzungsvermögen und Diplomatie mit Augenmaß sind Fähigkeiten, über die ein „Master of Technical Disaster" verfügen muss, die aber genaugenommen nicht gut zusammengehen. Den Spagat zwischen beiden Anforderungen zu meistern ist daher ein Kraftakt, der nicht immer ohne Reibungsverluste bewältigt werden kann. Das trifft insbesondere dann zu, wenn die Geschäftsführung zwar aus der Krise heraus, aber keine Veränderungen will. In solchen Situationen wäre rasches, schnörkelloses Handeln angebracht, das nicht zwingend von der Unternehmensleitung mitgetragen werden muss. Da technisches Interims-Management jedoch ein eher langfristiges Engagement voraussetzt, kann ein kurzfristiges Engagement nur selten zum Erfolg führen.

Nicht ganz so diffizil und dennoch mit viel Diplomatie zu begegnen sind überzogene Anforderungen an das Interims-Management. Wie oft habe ich beispielsweise schon erlebt, dass vom Interims-Manager ein Umsatzplus von 25 Prozent verlangt wird! Schön, aber wie soll das gehen in einem gesättigten, von starkem Wettbewerb geprägten Markt? Dies gegenüber der Geschäftsleitung angemessen zu formulieren, ohne gleich eine Tretmine zu erwischen, ist eine Kunst, die nur wenige beherrschen.

Und dann steht da bereits der nächste Fallstrick bereit. Es sind die Mitarbeiter im Unternehmen. Über Jahre hindurch nicht richtig gefordert, müssen sie von jetzt auf gleich ihren inneren „Schweinehund" überwinden und sich Gedanken machen über Dinge, die man besser machen könnte. Change-Management ist hier das bestimmende Thema. Dabei ist es noch leicht, mit den betroffenen Mitarbeitern neue Prozesse zu kreieren. Die Mitarbeiter aber dazu zu bewegen die Prozesse zu leben, das dauert und erfordert sehr viel Geduld. Und dennoch: Will man den „Laden" reorganisieren oder neu aufbauen, braucht man jeden einzelnen der Mitarbeiter, um erfolgreich zu sein. In manchen Situationen muss man sich auch von den „Bremsern" trennen.

Die Suche nach dem idealen Kandidaten

Der etablierte Modus operandi zur Personalsuche: Wie findet man geeignete Kandidaten? Eigenwerbung, Headhunter, Mund-zu-Mund-Propaganda oder man kennt jemanden, der das könnte? In den meisten Fällen erfolgt die Suche und Beauftragung oder auch Einstellung eines Interims-Managers über einen Headhunter bzw. Personalvermittler. Dieses Vorgehen erscheint auf den ersten Blick durchaus sinnvoll und unterscheidet sich nicht von der Personalsuche für andere Positionen eines Unternehmens. Personalvermittler haben einen großen Fundus an möglichen Kandidaten in ihren Datenbanken und können so mit einer hohen Reichweite aufwarten und vielleicht sogar innerhalb weniger Tage einen geeigneten Interims-Manager aus dem Hut zaubern. Die Schlagkraft der Suche lässt sich durch die Beauftragung mehrerer Headhunter noch erhöhen, denn es wird ja erst nach erfolgreicher Vermittlung bezahlt. Personalvermittler schalten dann in der Regel Inserate mit dem vom Auftraggeber vorgegebenen Profil und durchforsten die hausinterne Datenbank nach möglichen Kandidaten. Der Personalvermittler selektiert mögliche Kandidaten bereits anhand der Kriterien des vorgegebenen Anforderungsprofil und der eingegangenen Lebensläufe im Vorfeld aus. Das heißt, er bewertet und nimmt mögliche Interims-Manager in die engere Wahl. So bleiben dem Auftraggeber die direkte Personalsuche und die Bewertung der eingegangenen Profile erspart. Ob der minimierte Aufwand im Auswahlverfahren neben dem Zeitgewinn aber auch finanziell vorteilhaft ist – darüber bin ich mir nicht ganz so sicher.

Der Headhunter sucht also zunächst unzählige Kandidaten, führt vielleicht Vorabgespräche und trifft dann anhand der Profile eine Vorauswahl. Meistens erfolgt die Auswahl nur nach den schriftlichen Profilen, ohne persönliche Rücksprache. Im nächsten Schritt werden die Profile der Führung des Unternehmens zur Verfügung stellt. Jetzt liegt der Ball bei den Firmenentscheidungsträgern, welche wiederum die vorliegenden Profile studieren und bewerten, ob diese mit den hausinternen Anforderungen übereinstimmen.

Vielleicht werden die Profile der Kandidaten auch in den Abteilungen verteilt, um eine Meinung aus den Bereichen zu erhalten. Dort stellt man möglicherweise fest, dass das Anforderungsprofil in keiner Weise zu den Aufgaben aus Abteilungssicht passt und die Kandidaten für das eigentliche Thema daher möglicherweise gar nicht geeignet sind. Damit wurde einiges an Zeit verschwendet und die Suche geht von vorn los.

Festzuhalten ist hier: Die Bewertung erfolgt zu diesem Zeitpunkt nur anhand von Papier. Findet ein Unternehmen einen Kandidaten aus dem Angebot eines der Headhunter, wird dieser zum Telefoninterview oder mit etwas Glück auch direkt zum persönlichen Gespräch eingeladen.

In meiner Funktion als Interims-Manager in Unternehmen konnte ich viele Vorstellungsgespräche mit Bewerbern führen, die mir von Headhuntern vorgeschlagen wurden und weiß daher, welche Kandidaten im Vorfeld für gut befunden und vorgestellt werden. Es sind die „braven Soldaten", die Konformitätsträger, die „grauen Mäuse". Ganz selten nur werden die Individualisten, Querdenker oder „bunten Hunde", die das Unternehmen nötig gehabt hätte, vorgestellt.

Doch warum ist das so? Ganz einfach: Weil viele Headhunter oft gar nicht wissen, was einen guten Interims-Manager ausmacht, der als „Master of Technical Disaster" fungieren soll. So übernehmen sie selbst die Rolle des braven kleinen Machiavelli-Soldaten, der den Vorgaben des Auftraggebers folgt, ohne dabei das Anforderungsprofil zu hinterfragen und ggf. durch eigenes Handeln zu korrigieren.

Wie wichtig dabei die Konformität mit dem Stellenprofil, insbesondere hinsichtlich der akademischen Abschlüsse ist, sollen Ihnen die nun folgenden Originalmails von Headhuntern verdeutlichen:

Sehr geehrter Herr xxx,
Ich hatte es Ihnen telefonisch bereits mitgeteilt, was wir im Team abgestimmt haben. Unsere Kunden erwarten, gerade in den technischen Bereichen, einen Interim-Manager mit einem fundierten universitären Abschluss (bspw. Ingenieur, Maschinenbau etc.).
Sie haben viele sehr interessante Stationen, aber unsere Mandanten erwarten einen sehr großen Branchen- und funktionalen Fokus.
Daher müssen wir leider von einer Akkreditierung absehen.
Mit besten Wünschen für ihren beruflichen Weg

Ein weiteres Beispiel:

Sehr geehrter Herr xxx,
vielen Dank für Ihre Bewerbung und das Interesse an der ausgeschriebenen Position. Wir haben inzwischen unsere Vorauswahl getroffen.
Leider konnten wir Ihre Bewerbung nicht in die engere Wahl einbeziehen – wir haben uns für einige Kandidaten entschieden, deren Profil noch genauer den Anforderungen der ausgeschriebenen Position entspricht.
Wir wünschen Ihnen für Ihren weiteren beruflichen Weg alles Gute und viel Erfolg.

Nun ja, diese Absagen könnte man unkommentiert stehen lassen, wüsste man nicht um das Profil des Bewerbers, der nicht nur über universitäre Abschlüsse in Electronic Engineering und Business Management aus dem englischsprachigen Ausland verfügt, sondern zudem mehr als dreißig Jahre Industrieerfahrung in den unterschiedlichsten Branchen und Funktionsbereichen, einschließlich leitender Positionen, vorweisen kann.

Doch die ganze Misere nur auf den Headhunter zu schieben, wäre nicht nur nicht fair, sondern im Grunde genommen auch falsch. Auch die Unternehmen als Auftraggeber tragen zumindest einen Teil der Schuld, denn sie machen es den Headhunter viel einfacher, eine „graue Maus" ins Rennen zu schicken als einen „bunten Hund". Verzeihen Sie mir, wenn ich bei diesen Begrifflichkeiten bleibe, aber sie beschreiben die Kandidaten einfach perfekt.

Wenn Sie *Der kleine Machiavelli* gelesen haben, wissen Sie, wovon ich rede. Für alle, die den Text nicht kennen, hier eine Rezension:

In der Teppichetage des Topmanagements gelten andere Regeln, als Normalsterbliche es sich vorstellen. Nicht um das Wohl des Unternehmens geht es, sondern ums persönliche Vorwärtskommen, das Vermeiden von karriereschädlichen Stolperfallen und das Schmieden von Allianzen und Intrigen. Kein Wunder, dass Manager einen so zeitintensiven Job haben – vor lauter Ränkeschmieden kommen sie nicht zum Arbeiten. Mit schwarzem Humor überdecken Peter Noll und Hans Rudolf Bachmann in ihrem satirischen „Kleinen Machiavelli", für wie schädlich sie das Gebaren im Topmanagement der Unternehmen halten. Es ist vor allem das Staunen über die Absurditäten, das den Tonfall des Fast-schon-Klassikers aus den 1980er-Jahren prägt. Und inzwischen sind die Sitten womöglich noch rauer geworden. getAbstract empfiehlt das Buch allen, die erschreckende Wahrheiten am liebsten schmunzelnd goutieren.[31]

31 https://www.getabstract.com/de/zusammenfassung/karriere-und-selbstmanagement/
der-kleine-machiavelli/

Doch kommen wir zurück zu unserer Suche nach der idealen Besetzung des Interims-Managements. Erfahrungsgemäß geht das Suchspiel nach der ersten gescheiterten Runde nun also in die zweite, dann in die dritte und vielleicht auch noch in die vierte Runde. Das ist nicht nur kostspielig, sondern nimmt auch unglaublich viel Zeit in Anspruch. Zeit, die dringend für die Bewältigung der technischen Schieflage des Unternehmens benötigt würde. Jeder Monat, der ungenutzt verstreicht, verschärft unter Umständen die Krisensituation. Und doch kommt es vielfach so, wie es kommen muss. Denn schließlich versucht die endlich gefundene „graue Maus", das in Schieflage geratene Unternehmen wieder auf die Beine zu stellen. Bemüht man an dieser Stelle das Peter-Prinzip,[32] könnte man meinen: Jetzt ist der Zeitpunkt gekommen, an dem die Maus bis zur Stufe ihrer eigenen Unfähigkeit aufgestiegen ist. Firmen mit technischen Krisen oder Schieflagen werden daher von grauen Mäusen oft gemolken, aber nur selten wieder auf gesunde Beine gestellt.

Einstimmig tönt es dann aus der Manager-Riege: „Wenn der Interims-Manager es nicht schafft, unser Unternehmen wieder auf Kurs zu bringen, wie sollten wir das denn schaffen?" Und so gibt man sich womöglich dem Unausweichlichen hin, führt das Unternehmen in die Insolvenz und vernichtet wertvolle Arbeitsplätze, Kapital und Steuereinnahmen für den Staat. Ein „bunter Hund" hätte das womöglich verhindert.

Wird schließlich ein Kandidat festangestellt, wird der Personalvermittler in der Regel auf Basis von anteiligen Monatsgehältern pro Jahr vergütet. Das sind vielfach drei oder mehr Gehälter je nach Vertrag.

Wird ein Interim-Manager für eine befristete Zeit vermittelt, in der Regel für drei bis sechs, manchmal auch für neun Monate, selten län-

---

32 https://de.wikipedia.org/wiki/Peter-Prinzip

ger, wird der erfolgreich vermittelte Kandidat in der Regel an das Unternehmen lediglich verliehen. Das ist vergleichbar mit Leih- oder Zeitarbeit, wo das Zeitarbeitsunternehmen der Arbeitgeber der Zeitarbeitskraft ist. Seine Leistung rechnet der Interims-Manager also direkt beim Personalvermittler ab, welcher dann noch in den meisten Fällen ein Zahlungsziel von 30 Tagen mit dem Interims-Manager verhandelt. Möchte der Kandidat seine Rechnung zu einem früheren Zeitpunkt beglichen haben, z. B. in sieben oder 14 Tagen, muss die Rechnung zum Headhunter zwischen 3 bis 5 Prozent reduziert bzw. skontiert werden.

Und was verdienen oder schlagen Headhunter auf? Je nach Headhunter-Organisation beträgt der Aufschlag auf den Stunden- oder Tagessatz des Interims-Managers 15 bis 35 Prozent. Mit anderen Worten: Dem Unternehmen wird der Stunden- oder Tagessatz des Interims-Managers plus 15 bis 35 Prozent in Rechnung gestellt. Je länger nun der Vertrag läuft, desto höher ist dementsprechend auch der Ertrag für den Headhunter.

So weit, so gut. Doch schaut man sich die Verträge an, mit denen die Interims-Manager an ihre Personalvermittler gebunden sind, kann man sich des Gedankens nicht erwehren, dass es sich hier weniger um faire und für alle Seiten vorteilhafte Personalvermittlung handelt, als um modernem Sklavenhandel.

Warum? In Sperrklauseln mit einer Wirkdauer in der Regel von einem Jahr stellen die Headhunter sicher, dass der vermittelte Kandidat nach Ablauf der vertraglich vereinbarten Tätigkeit nicht von sich aus weiter für das Unternehmen oder eine Abteilung im Unternehmen arbeitet. Hat ein Unternehmen also über die Vertragslaufzeit Interesse an einer Weiterbeschäftigung, muss es dem Headhunter eine Ablösesumme zahlen. Dass diese nicht aus der Portokasse bezahlt werden kann, versteht sich von selbst.

Nehmen Sie die Suche selbst in die Hand!

Mein Tipp daher: Nehmen Sie die Personalauswahl selbst in die Hand. Denn die Headhunter sind im übertragenen Sinne nur die verlängerte Werkbank der Unternehmen, die Suchprofile schalten und Bewerbungen entgegennehmen. Sie gleichen diese mit den Vorgaben des Unternehmens ab und treffen eine Vorauswahl. Das können Sie erstens selbst und ich denke, Sie können es auch besser.

Damit Ihre Suche erfolgreich wird, geben Sie sich alle erdenkliche Mühe bei der Ausarbeitung des Stellenprofils, beschäftigen Sie sich intensiv mit den Aufgaben und Erwartungshaltungen an den gesuchten Interims-Manager. Lösen Sie sich von den konventionellen „Suchmustern" und formulieren Sie Qualifikationen, die Sie auch überprüfen können. „Präzises Arbeiten und analytisches Denkvermögen" können Sie nur schlecht oder gar nicht bewerten – lassen Sie solche Formulierungen daher lieber sein. Denn wer würde nicht von sich behaupten, dass er präzise arbeitet und mit analytischem Denkvermögen ausgestattet ist?

Auch Gehaltsvorstellungen lassen sich viel besser im persönlichen Gespräch diskutieren. Verzichten Sie daher in der Stellenanzeige auf diesbezügliche Aufforderungen. Lassen Sie sich dagegen unbedingt den möglichen Eintrittstermin nennen, wenn Sie es eilig haben. Haben Sie das Anforderungsprofil präzise definiert und an die Bedürfnisse Ihres Unternehmens angepasst, platzieren Sie Ihre Stellenanzeige im Internet. Es gibt vielfältige, reichweitenstarke Portale, die Sie dafür nutzen können. Scheuen Sie nicht den Aufwand – es zahlt sich aus.

Urteilen Sie nie allein nach den schriftlichen Unterlagen. Jeder „brave Soldat" wird seinen Lebenslauf sorgsam und lückenlos aufbereitet haben – einem Querdenker ist das nicht so wichtig. Er überzeugt Sie im persönlichen Gespräch. Vertrauen Sie darauf.

Bereiten Sie sich gut auf die Interviews vor und definieren Sie vorab die Rolle weiterer Gesprächsteilnehmer. Die Vorstellung Ihres Unternehmens sollte überzeugend und knackig sein, ohne übertriebene Selbstdarstellung. Legen Sie die Karten ehrlich auf den Tisch, stellen Sie schnörkellos klar, was Sie als Unternehmen erwarten. Führen Sie nach der Einleitung ein unkonventionelles Interview und trennen Sie sich von Human-Ressource-üblichen Floskeln und Fragen. Nach ca. 10 Minuten werden Sie bereits ein Gefühl dafür haben, ob der Kandidat passt. Nur aus Höflichkeit die vereinbarte Gesprächszeit zu nutzen ist sinnlos und Zeitvergeudung.

Sie werden sehen: Wenn Sie die nachfolgenden Anregungen aufnehmen, erfahren Sie bereits in kurzen Interviews viel über die Persönlichkeit und den Wissensstand des Bewerbers.

1. Bereiten Sie technische Fragen vor.
Lassen Sie sich erklären und/oder skizzieren, wie eine Lösung aussehen könnte.

Das kann wie folgt aussehen: Geben Sie dem Kandidaten beispielsweise eine Aufgabe mit einer technischen Beschreibung eines Gerätes, die in Form eines Blockschaltbildes gelöst werden soll, um darin Wechselwirkungen und Abhängigkeiten zwischen den einzelnen Bauteilen zu veranschaulichen. Es genügt, wenn Sie diese Aufgabe auf ein DIN-A4-Blatt drucken: Im oberen Teil steht der Text, im unteren Teil ist Platz zum Visualisieren der Lösung. Die Aufgabe selbst sollte in der von Ihnen präferierten Sprache verfasst sein. Zur Bearbeitung erhält Ihr Kandidat maximal 15 Minuten Zeit und soll anschließend seine Ergebnisse präsentieren.

Beispiel: Heizkocher Typ „A"
The Heating cooker comprises of a 48 V DC Motor, heating plate, an additional wide range power supply for VA 85 up to 265 V and 48 V DC, a main circuit board which holds a µProcessor for processing the

data, one µController to serve as driver for the human machine interface (HMI) and a motor driver, which controls the motor speed. The heating plate is powered with 230 VA. As input interface we have one CAN interface on board which is connected to the µController for data processing and a RS232 to serve as test interface and can be used to upload data into the µController for data processing. The function of the CAN is to serve other machines as communication interface. The µController for data processing communicates with the µC HMI via RS485 and the µController HMI drive the HMI interface, which is also on board and connected via RS485. The motor driver on board is connected to the µController for Data processing by RS485. The function of the motor driver is to control the speed of the attached 48 V DC motor.

Dies ist nur ein Beispiel. Entwickeln Sie einige Beispiele für Ihr eigenes Unternehmen. Diese kurze Aufgabe allein kann ausreichend sein, um zu erfahren, ob Ihr Kandidat über ausreichend gute Sprachkenntnisse verfügt, ob er offen an Probleme herangeht und natürlich, ob er Lösungen visualisieren, präsentieren und technisch diskutieren kann. Letzteres ist besonders wichtig, weil ein guter Interims-Manager seinen Mitarbeitern Sachzusammenhänge auf organisatorischer genauso wie auf technischer Ebene verständlich vermitteln können muss.

2. Formulieren Sie als nächstes eine technische Problemstellung, die Ihr Unternehmen hervorragend gelöst hat
Vermeiden Sie aber, dies zu erwähnen. Tun Sie einfach so, als würden Sie nach wie vor nach einer Lösung suchen. Lassen Sie sich Lösungsansätze aufzeigen und die Herangehensweise erklären. Die Vorschläge müssen nicht mit der Problemlösung Ihres Unternehmens übereinstimmen, Sie müssen Ihnen auch nicht unbedingt gefallen, Sie sollten aber zeigen, dass der Kandidat das Problem schnell erfasst und innerhalb von wenigen Minuten in der Lage ist, einen Weg zu

skizzieren, Ansätze zu liefern, mit denen das Problem gelöst werden könnte.

3. Geben Sie dem Kandidaten eine aktuelle Aufgabenstellung mit, dessen Lösung er beim nächsten Treffen präsentieren soll.

Nachfolgend eine beinahe perfekte Stellenausschreibung
Ihre zukünftigen Aufgaben:
➤ Als Mitglied des Führungskreises sind Sie zukünftig für die Weiterentwicklung und Umsetzung der weltweiten Strategie für ein definiertes Produktportfolio mit einem Umsatz von aktuell rund EUR 35 Mio. verantwortlich.
➤ Im engen Austausch mit dem Vertrieb sowie Kunden und der Produktion sind Sie in der Lage, marktgerechte Wachstumsstrategien zu entwerfen und so die wirtschaftliche Entwicklung des Unternehmens maßgeblich zu beeinflussen.
➤ In der marktseitigen Umsetzung der Strategien unterstützen Sie die regionalen Vertriebsteams sowie Distributoren. Durch den engen Austausch sind Sie so auch in der Lage, früh mögliche Kundenbedürfnisse zu erfassen und anschließend auf Machbarkeit und Rentabilität zu überprüfen.
➤ Basierend auf dem Kundenfeedback und eigener Marktforschung identifizieren Sie neue Marktsegmente für die existierenden aber auch neuen Produkte zur Umsetzung der Wachstumsstrategie.
➤ Intern arbeiten Sie eng mit dem Technischen Service sowie der Entwicklungsabteilung zusammen und können so neue Geschäftsmöglichkeiten wie auch die Diversifikation des Produktportfolios realisieren.
➤ Sie steuern das Preisgestaltung und haben für Ihre Produktlinie volle Profit und Verlust-Verantwortung.

➤ In Ihrer Funktion als Global Business Manager berichten Sie direkt an die Geschäftsführung.

➤ Zusammen mit dem Operational MD von „xxx" machen Sie Strategievorschläge an das „xxx" Management und bestimmen so maßgeblich die Unternehmenspolitik und Strategie der „xxx" mit

Wenn noch etwas zu verbessern wäre an dieser Stellenbeschreibung, dann ist das die verwendete Abkürzung, welche zu Verwechslungen führen könnte.

Die Rahmenbedingungen

Liefert Ihnen ein Kandidat gute, brauchbare Ideen, und Sie entscheiden sich trotzdem gegen ihn, honorieren Sie zumindest seine Arbeitsleistung. Das hält nach außen die positive Reputation des Unternehmens hoch. Man nennt das auch Positivwerbung.

Entscheiden Sie sich aber für einen Kandidaten, kommen Sie nicht umhin, über sein Gehalt und die geplante Vertragsdauer zu sprechen. Auch wenn Ihnen das zunächst Bauchschmerzen bereitet: Dass solche Könner nicht umsonst arbeiten, versteht sich von selbst.

Der Arbeitskreis „Interim Management Provider" hat Interims-Manager nach ihrer Vergütung befragt und Auskünfte erhalten, die als repräsentativ gelten dürften. So liegt das durchschnittliche Entgelt eines Interims-Manager pro Tag bei etwa 1.018 Euro. Bei einer Einsatzzeit von etwa 150 Tagen im Jahr entspricht das einem durchschnittlichen Umsatz für den Interims-Manager von 152.700 Euro. Kalkulieren Sie etwa in diesem Bereich oder etwas darüber, dann haben Sie gute Chancen, jemanden zu finden, der Ihnen wirklich helfen kann. Und kalkulieren Sie auch die Vertragsdauer nicht zu knapp, wenn es gut werden soll – gerade Umstrukturierungen im technischen Bereich brauchen oft länger, als Sie sich das wünschen. Geben Sie dem Kandidaten also einen längerfristigen Vertrag. Bedenken Sie, dass auch ein Interims-Manager eine zeitliche Perspektive braucht. Wird ein Vertrag nur für drei Monate ausgeschrieben, wird ein erfahrener Kandidat umgehend damit anfangen, sich nach neuen Auftraggebern umzusehen, denn fast alle Interims-Manager suchen nach längerfristigen Perspektiven. Die Umschau nach neuen Aufgaben kann dann zumindest einen Teil seiner Ressourcen binden, sodass er nicht alle Kraft in Ihr Unternehmen stecken kann. Sichern Sie deshalb den Erfolg zum Wohl Ihres Unternehmens über eine längergehende Vertragsdauer ab.

Halten Sie im Vertrag ferner die zu erbringenden Leistungen des Interims-Managers, aber auch die vereinbarten Handlungsvollmachten und Kompetenzen fest. Auch interne Werks- oder ISO-Normen sollten Sie dem Vertrag als Regelwerk beilegen. Das definiert die Handlungsräume des Interims-Managers und trägt entscheidend dazu bei, Missverständnissen zwischen Management und Interims-Manager vorzubeugen. Bedenken Sie ferner, sich über Rahmenbedingungen im Falle eines vorzeitigen Vertragsendes zu verständigen.

Unterstützen Sie Ihren MoTD, indem Sie wöchentlich Gesprächszeit einplanen und helfen Sie, Innovationskiller aus dem Weg zu räumen.

Innovationskiller sind:
➢ fehlender Mut
➢ Innovationsblindheit
➢ fehlende Einbindung
➢ alle wollen mitreden
➢ kein Commitment vom Management
➢ fehlende Ressourcen
➢ Zeitdruck

➤ kurzfristiges Denken und Agieren

➤ kein klares Konzept

➤ falsches Team

Diese zehn äußerst zutreffenden Innovationskiller habe ich dem Blog von Dr. Maria Tagwerker-Sturm[33] im Internet entlehnt. Jede ihrer Erklärungen ist absolut lesenswert und entspricht laut meinem persönlichen Erfahrungsschatz voll und ganz dem, was in vielen Unternehmen vonstatten geht. In diesen zehn Punkten fehlt noch ein weiterer Innovationskiller. Er heißt „Demotivation der Mitarbeiter".

Der „Master of Technical Disaster"

Als „Master of Technical Disaster" habe ich gelernt, Konzepte und Methoden aufzuzeigen, mit denen man Unternehmen effizienter machen kann. Nach einem gewissen Zeitraum wird es notwendig, dass das Unternehmen die Aufgaben wieder komplett selbst in die Hand nimmt und das mit dem Interims-Manager Erreichte weiterhin in die Tat umsetzt. Klar ist auch, dass ein Interims-Manager nicht ewig im Unternehmen bleiben kann. So sind die Manager und Mitarbeiter gefordert, den gemeinsam vereinbarten Prozess zu leben.

Es ist ein tolles Gefühl, wenn Unternehmer Leistungen anerkennen, Hilfen annehmen und bestrebt sind, ihr Unternehmen nach vorn zu bringen. Unternehmer, die den einmal erfolgreich eingeschlagenen Weg konsequent weitergehen, ohne Hilfe von außen.

---

33 http://www.inknowaction.com/blog/2015/09/05/10-innovationskiller-so-wird-es-garantiert-nichts-mit-einem-innovationserfolg/

Literaturverzeichnis

Benko, Dunford (1991): *Industrial Change and Regional Development: The Transformation of New Industrial Spaces.* London, New York 1991

Firchau/Franke (2002): *Variantenmanagement in der Einzel- und Kleinserienfertigung.* Von: http://www.beck-shop.de/fachbuch/vorwort/9783446217300_Intro_001.pdf (aufgerufen: 21.08.2016)

Homburg/Daum (1997): *Marktorientiertes Kostenmanagement.* Frankfurter Allgemeine Zeitung (1997)

Knop, R. (2009): *Erfolgsfaktoren strategischer Netzwerke kleiner und mittlerer Unternehmungen.* Wiesbaden 2009.

Piller T./Waringer, F. (1999) *Modularisierung in der Automobilindustrie – neue Formen und Prinzipien.* Shaker Verlag 1999

Internetseiten

http://www.inknowaction.com/
Ein Blog von Dr. Maria Tagwerker-Sturm, Schwerpunkte sind Themen rund um Innovationen

Danksagung

An dieser Stelle möchte ich mich bei meiner Lektorin Maria Garz bedanken, die dazu beigetragen hat, dass das Buch Struktur und einen durchgängigen roten Faden erhalten hat.

Ein großer Dank gebührt auch Dr. Cornelia Oswald für ihre Unterstützung, ihre kluge Beratung zu den verschiedensten Fachthemen und dafür, dass sie durch ihre Hilfe und Aufmunterungen zum Gelingen und zur Fertigstellung dieses Buches sehr viel beigetragen hat.

Ich danke Dr. Tobias Emmerich, der mich ermuntert hat, das Buch zu schreiben, nachdem er das Exposé gelesen hatte.

Ein Dankeschön gehört auch meiner Familie, die mich während der Entwicklungsphase zum Buch und der Recherche tatkräftig unterstützt hat.

Der Autor

Kurt Jelinek, weitgereist, weltoffen und kritisch – das macht den Autor aus.

Zu Beginn seiner Berufstätigkeit war er zehn Jahre auf dem afrikanischen Kontinent unterwegs, hat die verschiedensten Rollen innerhalb eines Weltkonzerns eingenommen und dabei viele unterschiedliche Menschen und Mentalitäten kennengelernt. Zurück in Europa hat er Einiges an Eingewöhnung gebraucht. Alles war so formell, kaum etwas spontan.

Seit mehr als zwanzig Jahren arbeitet er im Bereich Multimedia, IT-Systeme sowie technische Forschung und Entwicklung, um nur einige Betätigungsfelder zu nennen. Seit mehr als vierzehn Jahren ist Kurt Jelinek als Interim-Manager & Consultant unterwegs. Sein „Steckenpferd" ist, kleine und mittelständische Betriebe (KMUs) zu analysieren und sinnvolle Verbesserungspotenziale aufzuzeigen. Zudem ziehen ihn alle Themen rund um die Mobilität magisch an.

In seiner Freizeit entwickelt und baut er schöne Gegenstände aus Holz, spielt Gitarre sowie Tennis und genießt das freie Leben auf dem Rücken der Pferde.

Gut ausgebildet in Telekommunikation, Mikroelektronik sowie einem Master of Business Management durfte er in vielen Unternehmen seine Erfahrungen als Interim-, Krisen-, Prozess- und Projekt-Manager einbringen sowie als Leiter Forschung und Entwicklung Unternehmen beraten.

Beratung und Seminare

Wir bieten Beratungsleistungen und Seminare zu den folgenden Themen an:

➤ „Master of Technical Disaster"
➤ „Manufacturing Smart"

Anfragen zu Beratungsleistungen und Seminarunterlagen, Agenda, Rahmenbedingungen, Preise und Veranstaltungsort erhalten Sie unter

kjelinek@iys.at

Die Seminare werden als offene Veranstaltung angeboten und dauern zweieinhalb Tage. Angeboten werden auch je nach Absprache firmeninterne Veranstaltungen, die zwei Tage dauern.

Bitte informieren Sie sich unter

kjelinek@iys.at

www.ingramcontent.com/pod-product-compliance
Lightning Source LLC
Chambersburg PA
CBHW031940190326
41519CB00007B/590

* 9 7 8 3 9 5 0 4 3 3 2 0 3 *